Música de Cine:
Una ilusión óptica

Método de análisis y creación de bandas sonoras

Conrado Xalabarder

Música de cine: una ilusión óptica

www.mundobso.com

ISBN-13: 978-1492850953
ISBN-10: 1492850950

A Cesc, por todo y por mucho más

ÍNDICE

Prólogo

La música cinematográfica no consiste sólo en la mera aplicación de música en una película, sino que puede participar de modo activo en su dinamización, explicación, ritmo e incluso aportación de elementos nuevos que el filme no dé por sí mismo pero que necesite. Un buen compositor de cine no es el que mejor música escribe, sino el que logra hacer mejor cine con ella. En otras palabras, la mejor música de cine no es la que mejor se escucha, sino la que mejor se ve. Las diferencias de la música cinematográfica con cualquier otro tipo de música (de concierto, por ejemplo) son numerosas, porque tiene unas características únicas. La música escrita para el cine ha debido inventarse a sí misma, en un proceso marcado por las pautas impuestas por las propias películas y sus distintas necesidades narrativas.

Por mi experiencia lectiva, si alguien interesado en trabajar para el medio –ya sea como compositor pero también como director– no atiende a la singularidad de esta música, su creación puede verse limitada o, al menos, condicionada. Porque, en realidad, el buen músico cinematográfico debe ser también un buen cineasta, y un cineasta ha de conocer bien los recursos y las posibilidades que le ofrece la música. El presente libro se centra en el análisis de los elementos que conforman la música cinematográfica, y ha sido escrito pensando en músicos y cineastas, pero también en los cinéfilos y los aficionados a las bandas sonoras, cada vez más numerosos. Las citas y referencias bibliográficas están debidamente anotadas. Aquellas que no lo están corresponden a declaraciones que diversos compositores me han hecho en el transcurso de conversaciones y entrevistas que he mantenido con ellos.

Conrado Xalabarder

Barcelona, 2006

I.   Introducción

«No me gusta la música en las películas. No me gusta ver a un hombre solo en el desierto, muriéndose de sed, con la orquesta de Filadelfia detrás».[1]

John Ford

«Todavía sigo sufriendo con la música, porque me parece que es una trampa, un procedimiento –con frecuencia poco honesto– que mete mano en las tripas del espectador. Incide en el público de forma secreta y tiene una inmensa capacidad de manipularlo (...) Por eso es frecuente que, cuando estamos en la moviola, le diga a Pepe (Nieto): Vamos a quitarle la música, a ver qué pasa.... Pero, irremediablemente, al hacer la prueba, no tengo más remedio que suplicar: "¡Que la pongan, que la pongan!"».[2]

Vicente Aranda

Son palabras de dos insignes directores a quienes – como a otros– les une un inicial rechazo al empleo de música en el cine. Eso sí, todas las películas que Ford hizo desde la aparición del sonoro llevaron acompañamiento musical. Y Aranda también acabó admitiendo su importancia. Y es que una cosa es que no quisieran utilizar música; pero otra, bien distinta, es que se rindieran a la evidencia que era necesario contar con ella.

Una cuestión de poder

No es infrecuente escuchar críticas a la presencia de la música en el cine, a la que se acusa de ser un elemento manipulador, lo que es afortunadamente cierto. Pero hay que

---

[1] CD «Cheyenne Autumm» (Label X).

[2] Alvares, R.: La armonía que rompe el silencio. Conversaciones con José Nieto (SGAE., 1996). p. 170.

recordar que el propio montaje –base sobre la que se asienta la narración de las películas– lo es tanto o más. Y que el cine, en sí, es un arte que manipula el espacio, el tiempo, las emociones... ¿o es que es natural pasar de un escenario a otro que se encuentre a cientos de kilómetros en menos de un segundo?... el cine es una gran mentira y la música participa activamente en esa mentira.[3] Y no está justificado que algunos exijan a la música *carta de honestidad* cuando el resto de los elementos que configuran el cine no la tiene. Una cosa es manipular, que es lícito; otra, bien distinta, es hacer juego sucio, que es algo que puede hacerse (con la música, pero también con el montaje, el guión, etc.), y que no es del todo honesto, porque puede manipularse de modo muy decente. Pero lo cierto es que el cine aprovecha esa capacidad, y no sólo en el comercial, también en el de autor: Bergman, Fellini, Buñuel... todos han sacado buen partido a las *trampas* del Séptimo Arte y, así, han logrado hacer excepcionales películas.

Hay que tener presente algo significativo de la música –no sólo la cinematográfica– y es que, a diferencia de otras artes, nunca miente *per se*, pero puede ser empleada para falsificar o alterar la percepción de una realidad. Con la pintura, la escultura, la literatura o el propio cine pueden contarse muchas mentiras: un retrato que embellezca a quien no es bello o un relato que alabe las heroicidades de un cobarde serán alteraciones de la verdad. Con la música no es posible hacerlo, porque en sí misma no tiene esa capacidad y, aunque la pretenda, no la alcanzará jamás: la música siempre expone una verdad, la del compositor, aunque a oidos de su audiencia resulte exagerada o pomposa, pero siempre una verdad. ¿Qué es, pues, lo que hace que, en el cine, sí pueda participar en un engaño como, por ejemplo, hacer creer que

---

[3] Como afirma Alejandro Pachón en La música en el cine contemporáneo (Diputación provincial de Badajoz, 1998. Pág. 12): «El cine es un arte basado en la mentira y la ilusión, y la música es un magnífico ilusionista. Los actores y la cámara se ven limitados a una representación bidimensional, mientras que la música, ambigua por naturaleza y escurridiza por definición, puede complementar, equilibrar e incluso contradecir el impacto visual de las imágenes».

un personaje no es de fiar cuando sí lo es?. La respuesta está fuera de la propia música: en su aplicación a la imagen. La música juega el rol de una suerte de cortina invisible que permite alterar la visión de una imagen o de un personaje, pero en sí misma no miente. Si por ejemplo aplicamos una música bucólica sobre la imagen de un bello paisaje, el espectador estará viendo exactamente eso: un bello paisaje. Si, sobre la misma estampa, lo que se inserta es música inquietante, intrigante, el espectador ya no estará viendo un bello paisaje, sino quedará a la espera de que acontezca algún terrible suceso. La música permite alterar la visión y la perspectiva de una realidad (un bello paisaje), pero en sí misma no engaña: en todo caso, quien engaña es la película. Prueba de ello es que si desligamos la música de la imagen y la escuchamos aparte, no encontraremos mentira alguna: sólo escucharemos música. Ese es uno de los poderes que tiene su aplicación: otorgar una dimensión superior o diferente mediante un proceso parecido al de una ilusión óptica.

Otro argumento a veces empleado para desacreditarla es afirmar que el cine puro no lleva música. Generalmente lo dicen algunos directores orgullosos de haber prescindido de ella, incluso se atreven con la máxima ciertos críticos de cine. Es un sinsentido: según ese argumento, ni Akira Kurosawa, Federico Fellini, Luchino Visconti, Alfred Hitchcock, Pier Paolo Pasolini o Luis Buñuel han hecho *cine puro*, porque en sus filmes ha habido –y en ocasiones con abundancia– música. ¿Por qué se suceden estos ataques?. No entraré a valorar los razonamientos de algunos críticos e historiadores, porque sería difícil entenderlos, pero sí conviene señalar que, en el caso de los directores, la música suele resultar algo traumático, porque es probablemente el único elemento que no controlan directamente, ya que depende del conocimiento y la creación del compositor. Pero también interviene el ego, a veces los celos.

Puede defenderse que lo idóneo sería que no fuese necesaria, que todo pudiera expresarse visualmente, con los diálogos imprescindibles. Cuanto más se potencie la imagen sobre lo sonoro, tanto mejor para el filme. Pero el cine, en sí mismo, es un arte incompleto que requiere (casi siempre) de ese recurso para explicarse. Incluso el cine mudo era acompañado con música en directo, en ocasiones a partir de partituras escritas expresamente. Hay que recordar que en sus inicios las películas solían exhibirse en cafés y teatrillos. El nuevo medio despertaba la curiosidad de las gentes, que acudían sin prever su potencial artístico y expresivo. Defenestrado por los intelectuales, que lo creían vulgar, fue transformándose de un vehículo documentalista para dar paso a narración de historias y arrastrar a un público más numeroso. Para aplacar el infernal ruido de las máquinas de proyección y amenizar a la audiencia, algunos propietarios contrataron a pianistas, sin que su labor importase demasiado.[4] Un divertido retrato de esos ambientes lo dio Harpo Marx, quien a principios de siglo XX se ganaba la vida de esa forma: «*Conseguí un empleo como pianista en un cine de barrio. Había aprendido un montón de imaginativas variaciones sobre dos piezas, suficientes para acompañar cualquier tipo de película sin que la gente se diera cuenta de que me repetía (...) El local estaba mal ventilado y apestaba. La gente hablaba, comía y roncaba durante las películas. Los niños gritaban y se perseguían por los pasillos. Por alguna razón, las madres que daban el pecho preferían sentarse delante, cerca del piano. Tal vez pensaban que la música era un buen acompañamiento tranquilizador para los bebés que mamaban. De cualquier manera, me divertía con ellas. En medio de una escena apacible tocaba un acorde con todas mis fuerzas, sólo para ver los pezones saltar de la boca de los bebés (...) Una tarde, en medio de la película, mi madré bajó por el pasillo del cine hasta el piano. Me ordenó que dejara el piano inmediatamente y fuera con ella. Sin una pregunta, me levanté del taburete y la seguí fuera del cine. No creo que el*

---

[4] Como explica Michel Chion, «Las películas se estaban proyectando en lugares tales como barracas, expuestas al ruido, ante un público que tenía por costumbre hacer comentarios, abuchear, aplaudir, hablar: la música, en ausencia de actores de carne y hueso (que pudieran llamar la atención al público, hablarles o captar su atención), ayuda a centrar la atención, concentrándola al subrayar las atmósferas y puntos fuertes» (Chion, Michel. La música en el cine. Paidós, 1997).

público se diera cuenta de que la música se había detenido. Siguieron hablando, atracándose, durmiendo y dando el pecho a los bebés».[5]

Aparte de amenizar la velada o ayudar a las madres a dar el pecho, los intérpretes musicales tenían como misión subrayar la acción y hacer entender que un personaje debía ser abucheado o aplaudido, porque con la música podría identificarse más fácilmente quien era el héroe, quien el malvado, el grado de peligro o la fuerza del amor. Este trabajo se fue transformando, en un devenir en el que a veces el pianista improvisaba y en otras recibía instrucciones para las distintas secuencias o partituras completas.[6]

«Aconsejo ver una película en silencio, y entonces volver a verla otra vez con ojos y oídos. La música establece el ambiente de lo que los ojos ven y guía las emociones. Es la parte más emocional de un filme».[7]

David W. Griffith

La música puede jugar un papel fundamental en la narración cinematográfica. Hay sentimientos universales (el amor, el odio, el miedo), que pueden ser transmitidos con ella, obviando diálogos. Un ejemplo clarísimo: en una película romántica, si mientras una pareja pasea la orquesta de Filadelfia a la que aludía John Ford hace sonar un bello, delicado y sensible tema de amor, el que vea la película sabrá qué sentimientos flotan en el ambiente. O si una jovencita entra en una mansión deshabitada no sería lógico que, mientras sube

---

[5] Marx, H.: ¡Harpo Habla! (Montesinos, 1988). P. 74-75.

[6] La música era en su mayor parte preexistente, arreglada para la ocasión, hasta que la instauración de los derechos de autor, en la primera década del siglo XX, obligó a un procedimiento más estandarizado, que tomó la forma de fragmentos musicales creados para distintas necesidades (temas románticos, exóticos, cómicos, etc.) y que cada sala de cine guardaba para su uso. Estos fragmentos facilitaban el trabajo de los intérpretes musicales, pues sólo tenían que seleccionarlos para cada película.

[7] Karlin, F.: Op.cit. P. 152.

las escaleras poco iluminadas, vaya diciendo «¡uy, que miedo!», «¡algo me va a pasar, estoy segura!». Ya están allí los de Filadelfia para hacerlo por ella. El poder evocador y expresivo de la música puede ser tal que llegue a hacer innecesarios diálogos y evitar así lo redundante. En la escena de *Spellbound* (1945), de Alfred Hitchcock con partitura de Miklós Rózsa, cuando Ingrid Bergman, desvelada, acaba por entrar en la habitación de Gregory Peck, la música es fundamental para hacer expresivos los ardores corporales de la protagonista y, sin ella, no serían tan obvios.[8]

Las posibilidades de una partitura son muy amplias. Piénsese, por ejemplo, en la efectividad que tiene empleada como referencia. Supongamos que la pareja que paseaba por el parque al son de la melodía agradable se separa porque él se va a la guerra. En la trinchera, se queda pensativo. Si en ese momento vuelve a sonar aquella música, se sabrá inmediatamente que está pensando en su amada, sin necesidad de que el joven pille a cualquier infortunado y le suelte toda su verborrea melancólica. Si, por el contrario, lo que se oye es música de cabaret, se deducirá que piensa en algún divertimento más mundano. En uno u otro caso, las palabras habían sobrado por completo.

En lo que concierne al uso de música, no hay una explicación única que avale su existencia. ¿Por qué ha de haberla en una secuencia que transcurre en alta mar, donde es *virtualmente* imposible la presencia de una orquesta?. Hay una divertida anécdota: cuando David Raksin orquestaba la partitura de Hugo Friedhofer para *Lifeboat* (1944), recibió la visita de una persona que, en nombre de Alfred Hitchcock, le indicaba que el director había decidido que no iba a tener música. Raksin le inquirió el motivo, y el mensajero contestó:

---

[8] En este caso concreto encontramos una de las evidencias de que la música puede obviar diálogos inapropiados –para la época en la que fue realizado el filme– y ser más sugerente. La secuencia muestra a Ingrid Bergman dubitativa, saliendo de su habitación, subiendo las escaleras, viendo luz en la habitación de Gregory Peck, cogiendo un libro de la biblioteca y decidiéndose finalmente a entrar para acabar abrazándose a él. La música aplicada evidenciaba no una impresión romántica, sino puramente carnal.

«El señor Hitchcock teme que el público se pregunte de dónde sale la música en una película que transcurre íntegramente en el mar». La respuesta del compositor fue contundente: *«Dígale usted al señor Hitchcock que me explique de dónde sale la cámara y entonces yo le diré de dónde viene la música».*[9]

«La música debe suplantar lo que los actores no pueden decir, puede dar a entender sus sentimientos, y debe aportar lo que las palabras no son capaces de expresar. Si entiendes que una película es una colección de segmentos de imágenes artificialmente unidos en el montaje, es entonces función de la música soldar esos fragmentos en uno solo para que el espectador crea que es una secuencia única y compacta».[10]

Bernard Herrmann

La partitura puede servir también para entrar en la psicología de un personaje y desnudarle ante el espectador. Una melodía agradable aplicada sobre alguien da una sensación positiva. Si lo que suena es angustioso, la información que llega (y sin palabras) es que habrá problemas. Eso cuando no se hacen trampas y el director no la emplea para confundir al espectador, lo que por otra parte puede resultar de gran utilidad. Lo mismo ocurre con diversos estados emocionales o psicológicos como el deseo, el amor, el odio, la neurosis, la amargura y hasta el *delirium tremens*, descritos con música. Asimismo, el compositor puede definir a un personaje con unas notas o con una melodía, de forma que siempre que se quiera hacer una referencia al mismo, baste con incorporarla: las músicas de *Jaws* (1975), *The Omen* (1976) o *Close Encounters of the Third Kind* (1977) identifican al escualo, a Satanás y a los extraterrestres, incluso cuando no se les ve. En ocasiones, incluso, resulta conveniente que los actores conozcan de antemano la música para poder comprender mejor a sus personajes. Durante la época del cine insonoro se

---

[9] Thomas, T.: *Music for the Movies* (Barnes and Company, 1973). P. 15.

[10] CD «Bernard Herrmann Film Scores: from 'Citizen Kane' to 'Taxi Driver'» (Milán).

solía utilizar música en los rodajes, interpretada tras las cámaras o con fonógrafos para crear la atmósfera que sirviera para interpretar a los personajes. Griffith llegó a utilizar una orquesta en el plató de *Intolerance* (1917) para ayudar a despertar la furia de los miles de figurantes en las escenas de batalla, y Kevin Brownlow, en su libro *The Parade's Gone By* cita una anécdota del director francés Maurice Tourneur mientras trabajaba en Estados Unidos: vio a un equipo de rodaje filmando una persecución desde la parte trasera de un camión. Este equipo era animado por un vehículo que circulaba paralelamente al camión, cargado de músicos que tocaban una frenética melodía.[11] Por su parte, Chion explica que Carl Davis, especialista en la reconstrucción de músicas para el cine mudo, descubrió durante su documentación de *Greed* (1923), de Erich von Stroheim, una foto en la que, en medio de un calor bochornoso, se veía dos músicos vestidos con traje y corbata y en plena acción.[12]

«La música cohesiona y reafirma. Es capaz de poner en claro algunos malentendidos psicológicos del filme, puede reconducir la película y, por si fuera poco, puede oportunamente camuflar un montón de errores cinematográficos».[13]

Hans J. Salter

Entre los cometidos que cumple la música en una película podemos destacar el de ambientar las épocas y lugares donde transcurre la acción; acompañar imágenes y

---

[11] Brownlow, K.: *The Parade's Gone By* (Columbus Books, 1985). P 339.

[12] Eso no implicaba que la música empleada durante el rodaje fuera la que se escuchara en la proyección. Un método de ambientación que ocasionalmente sigue siendo empleado en nuestros días: varias de las partituras de Ennio Morricone, por ejemplo, han acompañado los rodajes de escenas donde luego sería finalmente insertada. En todo caso, la presencia en rodaje de los intérpretes durante el período del cine mudo fue importante. Un filme representativo del período es *Cantando bajo la lluvia* (*Singin' in the Rain*, 1952), en el que Donald O'Connor encarna a un pianista de rodaje.

[13] Thomas, T.: *Film Score: The View from the Podium* (Barnes and Company, 1979). p. 113.

secuencias, haciéndolas más entendibles; reemplazar diálogos innecesarios; activar y dinamizar el ritmo, o bien ralentizarlo; definir personajes y estados de ánimo; aportar información; implicación emocional y/o intelectual; conexionar secuencias; dotar de coherencia estilística a todo el filme; incorporar nuevos niveles dramáticos o bien camuflar errores, entre otros.

«*Puedo hacer que un actor vaya hacia una ventana y mire a través de ella. Pero Elmer* (Bernstein)*, con su batuta, es quien refleja lo que éste piensa o siente. Esa es la diferencia*».[14]

John Sturges

La partitura no debe ser un 'concierto' del autor que aprovecha la película para dar a conocer la grandeza de su creación. Cuando esto ocurre el filme sale perjudicado. Bien al contrario, su supeditación ha de ser completa. Puede acompañar las imágenes, subrayar las secuencias o profundizar en los personajes, pero siempre es el filme quien marca las pautas. De cumplirse esta función, pueden alcanzarse resultados de espectacular efectividad.

«(El compositor) *debe responder a las exigencias objetivas del plan dramático y musical sin tener en cuenta su propia necesidad de expresarse. Puede realizar esto inteligentemente, pero sólo si sus propias posibilidades subjetivas, incluso su propia necesidad de expresión, son capaces de asumir estas exigencias y darles satisfacción: todo lo demás será puro oficio*».[15]

Hanns Eisler

[14] LP «Summer and Smoke» (RCA).

[15] Adorno, T. y Eisler, H.: *El cine y la música* (Fundamentos, 1976). P. 43.

Compositores abnegados, compositores libres

Como he indicado, la música es una herramienta artística, narrativa y dramática, como lo es también la fotografía, el montaje o el vestuario. Su carácter aplicado impone unas condiciones que se deben asumir. Pero, incluso considerando que el compositor deba supeditarse a las necesidades reales de la película, su campo de acción puede ser muy amplio. sólo depende de que se le deje trabajar o aportar ideas. Y no siempre ocurre así, pues su labor ha de pasar por filtros. Los más decisivos suelen ser los impuestos por el director y/o el productor, que no siempre tienen el buen gusto musical entre sus virtudes, o siquiera los conocimientos de lo que puede hacer la música por su película.

«Cuando el director es inteligente y no padece de oclusiones mentales se trabaja muy bien codo a codo. Cuanto más grande, es más maleable porque es inteligente. Los más peligrosos son los que no saben nada de música pero creen saber; son los que quieren imponer a toda costa el tipo de comentario que tienen en la cabeza, aunque no tenga nada que ver con la película: son los que llegan con una pila de discos, diciendo: tienes que hacerme una música como esta y de ellos me libro fácilmente: entonces no me necesitan – respondo– ¡sólo hay que coger a un músico que recicle esos discos!».[16]

Mario Nascimbene

En ocasiones la ignominia, el desconocimiento o la falta de confianza han menguado el potencial de la música. Hay que considerar que, de los elementos que conforman la creación cinematográfica, la música es probablemente el que menos controla el director, si no es músico también o si no tiene una amplia cultura musical o cinematográfico-musical.

---

[16] Nascimbene, M.: *Musico, malgré moi* (Fundación Municipal de Cine de Valencia, 1993). P. 290.

Eso le convierte en una persona insegura ante lo que el músico pueda ofrecerle, por lo que su reacción puede llegar a ser dictatorial. Además, lo que le pueda mostrar el compositor casi nunca será en su dimensión auténtica, sino meramente aproximada: por lo general, en maquetas o ante un piano, pero difícilmente ante una orquesta a la que habría que pagar, lo que requiere que el director tenga máxima confianza en su compositor. Cuando no la tiene, el compositor puede tener problemas.[17]

Hay algo hasta cierto punto inexplicable, y es que muchos directores sólo piensan en la música cuando el filme ya está rodado y montado. Entonces se acercan al compositor con prisas para acabar a tiempo y, la falta de fechas y la imposición de criterios fijos, no discutibles, hace que la aportación del compositor se vea limitada. Son los que, sabiendo que necesitarán música, no piensan en ella hasta el final. Con estas premisas, un compositor poco puede hacer más allá de cumplir con lo que se le exige, salvo que no disponga del tiempo necesario para componer.[18]

Entre los inconvenientes que padece un compositor (y que hace que sea infrautilizado) no sólo está la impericia de quien no le dedica la atención necesaria para dialogar, o que no se plantea el contar con su aportación desde los primeros momentos creativos. Hay una larga relación de agravios que no ayudan a extraer el máximo potencial de la música. Los más destacados son la afección por el empleo de música preexistente, la imposición de modelos musicales inadecuados, la falta de tiempo, las carencias presupuestarias, la imposibilidad/dificultad de rehacer un filme ya montado, la domi-

---

[17] Actualmente, y afortunadamente para muchos compositores, los medios técnicos e informáticos actuales sí permiten poder presentar una música en toda su dimensión, en forma de simulación.

[18] Un caso reciente, en el cine español, fue el de la superproducción *La gran aventura de Mortadelo y Filemón* (2003), para cuya realización se emplearon muchos meses. En cambio, para la escritura musical sólo concedieron... ¡dos semanas! a sus dos compositores, Mario Gosalvez y Rafael Arnau. El resultado, claro, fue muy mediocre.

nancia de criterios comerciales y la amenaza de rechazo. Algunos los desarrollaré con mayor extensión, pero ahora me detendré en los dos últimos.

Los criterios comerciales son un peligro para la creatividad del compositor y para el resultado global de una banda sonora. Cuando un filme es planteado con miras exclusivas a su rentabilidad económica, entonces suele peligrar la libertad al compositor, salvo que no se preste gustoso a ello. El llamado *cine de autor*, por ejemplo, no desdeña obtener réditos en taquilla, del mismo modo que el cine comercial (el de entretenimiento, por citar otro ejemplo) no tiene por qué sacrificar su calidad para cumplir sus objetivos económicos. Hay extraordinarias películas comerciales que han llevado no menos sobresalientes bandas sonoras, sin que el objetivo de alcanzar beneficios haya tenido que hacerse a costa de vulgarizar o imponer criterios musicales inadecuados. Son en estas circunstancias cuando no puede diferenciarse, desde una perspectiva cualitativa, la música escrita para un filme de, por ejemplo, Alain Resnais o de William Wyler.[19] Pero en otros casos no sucede así, y se plantea al compositor la exigencia de crear una música determinada para ayudar a la comercialidad del filme, a sabiendas de que no resulta adecuada, o bien se impone la presencia de canciones muchas veces arbitrarias. En la historia de la música cinematográfica, algunas modas y tendencias han hecho cierto daño: un ejemplo notorio es el de las músicas pop, ligera y electrónica de *Butch Cassidy and the Sundance Kid* (1969), *Love Story* (1970) y *Midnight Express* (1978), respectivamente, de éxito comercial en su momento pero de mediocres resultados artísticos, que no han podido superar el paso del tiempo. Cierto es que estos ejemplos tuvieron unos criterios aceptados por los compositores. En ocasiones la opción es tomada en contra del criterio del compositor, como sufrió Elmer Bernstein en bastantes filmes

---

[19] Que es el caso de Miklós Rózsa, quien escribió soberbias partituras tanto para *Providence* (1977), de Resnais, como para *Ben-Hur* (1959), de Wyler. Pero podrían incluirse decenas de compositores.

de los años setenta y ochenta, cuando sus elaboradas creaciones fueron mermadas por infumables canciones.[20] Y no fue el único, pues son centenares las bandas sonoras editadas con canciones que ni tan sólo aparecen en el filme o que, cuando lo hacen, ocupan un lugar que debería reservarse al compositor. Este es uno de los mayores daños que se le ha hecho a la música en el cine.

«Creo que la labor de un compositor es bastante ingrata. Porque el resultado de una película se puede contrastar con el guión, pero la música no. Es algo que está en la cabeza del autor y no hay forma de comparar el producto final con lo que tenía en mente. Esa sensación frustrante se ve aumentada por el hecho de que la creación musical es mucho más solitaria que cualquier otro trabajo creativo de la película (...) Por eso, muchas veces digo que la relación del director con el compositor no es sólo una cuestión de confianza, sino casi un acto de fe».[21]

José Nieto

Un compositor está más expuesto al riesgo de que su trabajo sea rechazado que cualquier otro que participe en la película. El motivo es claro: si el filme ya ha sido rodado y montado, difícilmente puede despedirse a un actor o actriz incompetente, si no se le ha reemplazado a tiempo. Por el contrario, la música es perfectamente sustituible. Los motivos por los que una partitura puede ser rechazada son varios. El más elemental es que el compositor no haya estado a la altura o no haya sabido aplicar lo que el director le ha pedido. Eso, por supuesto, en el caso de que el director se haya

---

[20] Al respecto, Bernstein fue claro: *«No me gusta compartir mi música con canciones discotequeras»* (lo comentó en una entrevista que le hice y que fue publicada en La Vanguardia, el 27 de diciembre de 1994). Decía Bernstein: *«De entre los grandes males de la música cinematográfica, está la horrible moda de las canciones. Esto es un problema y una corriente en la que las compañías están más interesadas en el dinero que puedan hacer con la música popular que en la banda sonora musical».*

[21] Alvares, R. Op. cit. P. 57.

explicado bien, que no siempre sucede así: la falta de entendimiento entre ambos suele derivar en el despido del compositor.

«*Un compositor de cine es como el empleado de una funeraria: no puede resucitar a un muerto, pero se espera de él que lo haga parecer más presentable*».[22]

Adolph Deutsch

En otras ocasiones se exige algo que va más allá de escribir una música adecuada, y es el salvar una película que no funciona. Muchas partituras han sido decapitadas en las salas de visionado previo simplemente porque no arreglan aspectos que no competen al compositor, como una mala narración, una interpretación floja o el tono general del largometraje. O sencillamente porque, de nuevo, quiere garantizarse la comercialidad, aunque sea a costa de la calidad. La excusa *es una música demasiado buena para la película* es bastante recurrida y el sacrificado acaba siendo el compositor, no el realizador incompetente. Rechazar una música que no funciona es lícito, pero no lo es tanto hacerlo cuando funciona pero prima el temor de que la película no llene las salas de cine. Y ello da lugar a circunstancias como que, por ejemplo, una película tenga dos bandas sonoras distintas, en función de dónde se exhiba el filme: por ejemplo, en Europa *Legend* (1986), de Ridley Scott, tiene una partitura de Jerry Goldsmith, en tanto que en Estados Unidos la música la firma el grupo Tangerine Dream. E incluso también que sólo se rechace parte de la música, se incluya la de otro compositor y el resultado sea el de dos bandas sonoras en una, poniendo en serio peligro el elemental criterio de dar al conjunto cierta unidad estilística: *Battle of Britain* (1969) es un ejemplo, si bien las aportaciones de William Walton y de Ron Goodwin fueron excelentes.

En Estados Unidos es habitual que las películas tengan pases previos (*previews*) con gente de la calle, a quien se

---

[22] Thomas, T.: *Music for the Movies*. P. 18-19.

pide rellenar un cuestionario sobre la película. El terror de los productores a que sus inversiones se pierdan ha llevado a cierto histerismo: se remontan escenas enteras, se suprimen otras, se ruedan nuevas... y si a unas cuantas de esas personas no les ha gustado la música, se busca a otro compositor. Los criterios artísticos no interesan. Y de esta amenaza no se ha salvado prácticamente ningún compositor. Todo esto es absurdo e injusto, pero es una más de las lacras que sufren en su proceso creativo y artístico los compositores. Por no hablar de la poca privilegiada situación en la que se encuentran los llamados a reemplazar a sus colegas: sobre ellos pende también la amenaza del rechazo, así como las prisas y la premura de tiempo.

No deben desdeñarse las *músicas impuestas*, aquellas que el compositor se ve obligado a escribir, incluso en contra de sus criterios. En los años treinta y cuarenta, de convulsión política en Europa, parte del cine realizado en países bajo regímenes totalitarios fue de exaltación patriótica y la música que se debía escuchar tenía que seguir esa misma línea enfática, sin posibilidad de quiebros ni segundas intenciones. Es lo que padeció, en la Unión Soviética, Sergei Prokofiev, cuya música concertista tuvo de todos modos una enorme influencia e impacto en los ambientes intelectuales de Europa. Trabajó con Sergei M. Einsenstein en *Alexander Nevski* (1938) y en *Ivan Groznyj* (1945), en las que recreó un ambiente de espectacularidad triunfante, con intenso dramatismo. En ambas películas, la música enfatizó las escenas donde se aplicaba, de modo lineal, cinematográficamente hablando. En el caso de *Alexander Nevski*, escribió temas para los rusos y los teutones y ambos con características que evidentemente eran tendenciosas: música asfixiante y opresiva para el enemigo y alegre y esperanzadora para los rusos. En las dos no hubo complejidades: el discurso de Prokofiev era sencillo y claro, pero la fuerza de sus creaciones sigue latiendo en la memoria histórica y las convierten en dos de las mejores de toda la historia del cine, a pesar incluso del carácter ceremonioso y servil. Algo parecido sucedió también en las cinematografías nazis y franquistas, con los trabajos de Herbert Windt o Manuel Parada, entre otros compositores que ensalzaron con su música el cine de propaganda.

Una música justificada

«El cine contiene una enorme potencialidad en la combinación de ambas artes a un nivel que ni Wagner pudo llegar a soñar».[23]

Ralph Vaughan Williams

A pesar de su utilidad, la música de cine sigue siendo ignorada por la gran mayoría de los críticos cinematográficos, indiferente en buena parte del público, vulnerada por prioridades comerciales, poco entendida por productores y directores y, lo que es peor, menospreciada por sectores de la musicología. En realidad, aunque pudiera parecer contradictorio, la música de cine no debería ser valorada tanto desde sus criterios musicales (que también) como de sus parámetros cinematográficos. Porque, en su máximo nivel cualitativo, más que música es puro cine. Por ello, conviene diferenciar el *qué*, el *por qué* y el *cómo* de su presencia. Pero mejor un ejemplo representativo de cómo una música puede llegar a tener más importancia visual que no musical: la secuencia de la ducha en *Psycho* (1960). ¿Cuál es realmente la aportación que hizo Bernard Herrmann para que esa escena fuera tan impactante?.

Cuando Alfred Hitchcock acabó de rodarla, se mostró insatisfecho y decidió recortarla para incluirla en el programa televisivo de episodios *Alfred Hitchcock Presents*, que por entonces tenía mucha audiencia. Sin embargo, Herrmann le sugirió irse de vacaciones para darle tiempo a escribir una partitura con la que solventar los inconvenientes que preocupaban al director. Hitchcock accedió, pero le dio una indicación precisa: no quería oír ni una sola nota en la

---

[23] Thomas, T.: *Music for the Movies*. p. 16.

secuencia de la ducha. Herrmann no le hizo caso y compuso para esa escena un tema que acabó por ser uno de los grandes referentes cinematográficos. El realizador, cuando la vio, no sólo se mostró entusiasmado por su impactante efecto sino que decidió estrenar la película. El compositor le recordó su determinación inicial de no incluir música en la secuencia, a lo que Hitchcock contestó con una lacónica frase: *Sugerencia inadecuada.*[24]

Esa escena ha hecho correr ríos de tinta en análisis sobre las causas de su impacto y las intenciones del compositor, quien se limitó a definir su propósito con una escueta palabra: *terror*. Una de las interpretaciones más habituales se refiere a la onomatopeya de los pájaros que Norman Bates (el personaje protagonista) colecciona disecados, como si fueran estos los que atacasen a la víctima. El sonido constante y obsesivo de los chirriantes violines y el hecho de que, poco después, Hitchcock dirigiera *The Birds* (1963), sustentan esta teoría. Una segunda versión apunta a la posibilidad de que esos sonidos estén reproduciendo los gritos desesperados de dolor de Marion Crane (la víctima), lo que situaría la música en el epicentro de la tensión. La tercera teoría más frecuente, y la que más se aproxima a la realidad, es la que afirma que los violines emulan el apuñalamiento que asesta Bates a la mujer, que en realidad no recibe ninguna cuchillada. Si se observa con detenimiento la secuencia, se observa que, efectivamente, no se desgarra la carne, lo que multiplica el desconcierto del espectador.

La realidad es más sencilla, y por ello más genial. Marion Crane recibe, simulados, nueve apuñalamientos. Nueve cuchilladas que el espectador percibe visualmente. Bernard Herrmann, con los histéricos violines, propina al espectador un total de cincuenta. Eso implica que mientras uno está viendo nueve puñaladas, lo que percibe psicológica

---

[24] *Improper decision*, tal y como se relata en el documental *Music for the Movies: Bernard Herrmann*.

y emocionalmente son cincuenta salvajes estocadas. Si Herrmann hubiera acompasado los violines con los ataques, la secuencia no tendría efecto alguno. Por el contrario, al haber creado una situación irreal, lo que se genera es un estado de auténtico caos, provocado por la brutal ruptura entre la percepción visual y sonora. La música no acompasa la imagen y va por libre, de tal manera que el espectador debe enfrentarse, en breve espacio de tiempo, a dos efectos dramáticos –el visual y el sonoro– opuestos. Es un caos que dura poco en el tiempo pero que se hace eterno en el inconsciente de quien es testigo de la matanza. Además, para impedir que el espectador pueda reaccionar, hace que el sonido no tenga la misma cadencia, sino que lo altera anárquicamente, multiplicando la sensación de desorden y, por consiguiente, de terror. Así es lógico comprender que Hitchcock, viéndolo, quisiera estrenar la película. *Psycho* fue, además, su filme más rentable en las taquillas. Herrmann, pues, hizo un uso de la música visual. Naturalmente lo que escribió fue música, pero por encima de ello hizo cine.[25]

Cuando se aborda la música de cine desde una perspectiva objetiva (el *qué*), se hace un análisis rigurosamente musical, de escritura, de armonía, de tempos: es una partitura jazzística, barroca o romántica escrita para tantos o cuantos instrumentos desarrollada de una u otra manera. Es una descripción o análisis necesario pero que, por sí solo, es completamente insuficiente. La música de concierto, por ejemplo y en principio, es un acto de creación voluntaria que no requiere ser justificada. En el cine, por el contrario, impera lo justificativo. Como música aplicada debe necesariamente justificarse, tener una razón que avale su presencia y, en definitiva, que responda al *por qué* de su existencia. Lo contrario sería un sinsentido. Esta es la gran diferencia que hace que la buena música de cine, más que música, sea cine. Y es en este punto donde no puede establecerse comparación entre, por ejemplo, la música de un

---

[25] Quizás, en términos musicales, la suya no fuera una gran creación. ¿Pero quién podría superar su eficiencia?.

compositor de música clásica y la de un compositor de cine: el vehículo de expresión (la música) es el mismo, pero los campos de acción (la sala de concierto y la pantalla grande) son diferentes. El compositor de cine, pues, tiene un doble cometido: por un lado, escribir música; por otro, hacer que tenga un sentido, una utilidad cinematográfica. Y puede lograrlo sin sacrificar su ideario musical o sus convicciones. Más adelante atenderé al tercer elemento característico de la música del cine, que es la forma (el *cómo*) se aplica, tan o más importante que lo justificativo. La música es una herramienta para resolver problemas de un filme y de su buen uso daré cuenta.

La música de cine fuera del cine

Una cuestión planteada con frecuencia es la validez de la música de cine que se escucha fuera del cine, en ediciones discográficas o en conciertos. Algunos alegan que, cuando una partitura se separa del celuloide, pierde parte de su sentido. No es una apreciación incierta, pero conviene hacer algunas matizaciones. En primer lugar, efectivamente el destino de una música escrita para una película es la película. Eso lo saben los compositores, aunque haya quienes no lo tengan tan claro y aprovechen el cine como autopromoción, al margen de las necesidades del filme. En cualquier caso, como indica Michel Chion, es significativo que cuando un escritor trabaja para el cine su obra se llame «guión» y, cambiando de término, no puede ser cuestionado en nombre de la literatura, salvo que se publique como libro y entonces deba ser valorado como tal; o que cuando un pintor trabaja para el cine, su obra se denomine «decorado», librándose de análisis pictóricos al uso. Pero el compositor no puede, injustamente, sustraerse de la valoración musical convencional incluso a pesar de que no está trabajando en el mismo medio.[26]

---

[26] Chion, M.. op. cit. p. 30-31.

Eso hace, en parte, que pueda ser discutido si realmente existe o no un género musical que pueda llamarse "cinematográfico" o si este no es más que la absorción o puesta a punto de otros. Chion es contundente al afirmar que «*no existe un estilo de música cinematográfica propiamente dicho. Esta música bebe de todas las fuentes, del mismo modo que un compositor de música de concierto o de ópera. La diferencia está en que este último, en principio, puede escoger con toda libertad cómo crear su estilo personal, no sólo a partir de lo que inventa, sino también de lo que toma de otros*».[27] Lo que hace Chion, en realidad, es un análisis estrictamente objetivo de la música de cine. Y creo que desde esa perspectiva, su afirmación es poco cuestionable... si bien podría haber *música inventada*, no creada con anterioridad ni que proceda de fuentes o períodos previos, o compositores que sí han tenido libertad absoluta a la hora de componer para el cine. En todo caso, lo importante es insistir en que cuando la música traspasa lo musical y se adentra en terrenos visuales, entonces es cuando nace como género único. Sigue siendo música, naturalmente, pero es algo distinto... como lo es el guión respecto a la literatura, el diseñador de vestuario frente a la labor de los modistos e incluso el intérprete de cine con relación al teatral. Cada uno de estos oficios procede de una *matriz* (la música, la moda, la interpretación...) y cada profesional debe adaptarse a las exigencias del medio cinematográfico: un escritor de novelas habrá de cambiar su técnica, incluso su estilo, para hacer guiones; un decorador o un diseñador de vestuario podrán hacer filigranas fuera del cine, pero en él deberán amoldarse... e igual sucede con el músico.[28] Por eso, la

---

[27] ibid. P. 252.

[28] Permítaseme dar un tono frívolo, pero el cine es como un burdel, donde se reúnen especialistas en distintas artes para dar un buen servicio... a un cliente llamado película. Y si la película demanda un servicio, el profesional debe satisfacer a su cliente. Uno aporta sus conocimientos, sensibilidad, talento, aplicados a requerimientos ajenos. Un músico que vaya a un plató sólo con el ideario del Conservatorio y no entienda que algunas cosas deben cambiar, difícilmente satisfará a la película y, dicho claramente, será un mal profesional de esta labor *prostitutiva* que, no olvidemos, también ha hecho del cine el Séptimo

música cinematográfica sí debería ser considerada en sí un género aparte.

En todo caso, los compositores trabajan con el director, el productor o el montador para conseguir sacar el máximo beneficio a sus partituras. Pero una vez cumplida con esa misión, ¿debe un compositor resignarse a que su obra se conozca tan sólo desde la película?. Desde luego que no. Una vez satisfecho lo demandado, tiene derecho a dar publicación a su música. Eso sí, cuando lo hace renuncia a los elementos motívicos y aplicativos, incluso al propio concepto de género, y, entonces, se asume que será valorada, para bien o para mal, desde su perspectiva objetiva (el *qué*). El compositor puede alterar su música cuando la edita en formato discográfico o hacer una traslación más o menos literal respecto a lo que aparece en la película. En el primer supuesto, selecciona lo que funciona mejor en disco y descarta otros cortes, como por ejemplo los excesivamente breves o las repeticiones de una melodía, que en la película son fundamentales pero que en disco son un lastre. Y es que, en el momento en el que publica un disco, busca de su música una entidad propia, independiente de la función cine-matográfica.

Lo mismo vale para los conciertos de música de cine con que se nutren las salas de música. El que paga una entrada y se sienta para ver tocar una partitura sabe perfectamente que no ha pagado una entrada de cine, sino de un concierto. Como he comentado, se efectúan selecciones y arreglos que resulten adecuados, por lo que es comprensible que una melodía suene mejor o sea más agradable escuchada en una sala de concierto que no en una pantalla. Y es que una de las ventajas de la composición cinematográfica es su dualidad, el poder mantener dos vidas simultáneas: dentro y fuera del filme.[29]

Arte.

[29] Algunos llaman a eso prostitución de la propia obra. Yo diría que, más bien, se trata de darle una mayor dimensión. Después de todo, la música no debería

Otra cuestión es la relacionada con las creaciones contemporáneas que se escriben para aplicar en películas del cine mudo. Es obvio que cualquiera tiene derecho a tomar una película y elaborar, a partir de lo que le inspira, una partitura. Pero eso no convierte a una partituras en la *banda sonora* de la película, puesto que es una mera interpretación. Y cabe la posibilidad que el director (con el que no se ha contado) no lo aprobara. O que mostrase, en caso de estar vivo, un enorme disgusto. Poner música al cine mudo se ha convertido, en ocasiones, en una buena oportunidad para el lucimiento personal y el explayamiento de algunos músicos, que trabajan en óptimas condiciones al no contar con otra objección que la propia. Algunas veces, el resultado es brillante; otras, no tanto.[30]

Calidad frente a utilidad

Si analizamos una música basándonos en un criterio de calidad la clasificamos por sus cualidades musicales: ¿es buena o es mala?. ¿Está bien escrita e interpretada o, por el contrario, adolece de no pocos defectos en su escritura y/o interpretación?. Este criterio no es necesariamente subjetivo ni entiende de géneros o estilos. Me refiero a cualquier música valorada desde un punto de vista musical. En otras palabras, no tiene sentido hacer una comparativa entre la música barroca y el jazz, porque son estilos distintos, pero sí entre dos músicas barrocas. Este suele ser generalmente el único que se tiene en cuenta al valorar la cualidad de una música escrita para el cine, y eso es un grave error. Cierto es que una música romántica escrita para el cine es comparable a la música romántica de cualquier compositor clásico. Pero la

---

quedarse encerrada para siempre en una película, por muy bien acomodada que esté en ella. Pero, insistimos, en esas circunstancias la música puede –y debe– ser juzgada de manera distinta.

[30] Chion es claro al respecto: «existe actualmente una cruel revancha por parte de la música contra el cine mudo. Estamos hablando de ciertas formas de filme-concierto que son sobre todo vehículos para la música de vanguardia. En estos conciertos, la música se apoya sobre el filme y a veces lo parasita» (Chion, M.: Op. Cit. P. 63)

música de cine es mucho más que la mera escritura musical. Lo repito: un buen compositor cinematográfico no es el que mejor música escribe, sino el que extrae de ella la mayor utilidad para la película.

El criterio de utilidad se refiere precisamente a la función y los resultados que, como música aplicada, tiene sobre la película. ¿Funciona o no funciona?. En una película de terror, ¿provoca miedo o no lo provoca?. En una película romántica, ¿despierta emociones o deja al espectador indiferente?. ¿Ayuda a resolver las necesidades del filme o es una rémora para el mismo?. En definitiva: ¿es una música útil o inútil?. Este criterio marca la gran diferencia de la música de cine con el resto de músicas y es el eje principal de valoración. La buena música de cine es siempre aquella que es útil. Por ello, es fácil deducir que una mala música (considerada desde el criterio de calidad) puede ser una gran música de cine, o que una estupenda música (también cualitativamente) puede ser cinematográficamente mala. Una música puede ser espléndida para una sala de concierto pero poco apta para una película. Es de sentido común. Pocos entenderían el escuchar una impecable música jazz en un filme que transcurriese en la Edad Media o en la Prehistoria. Ya no sólo por una cuestión de anacronía –aunque es algo que el cine puede llegar a tolerar–, sino porque no ayudaría en nada a la película.

Para conseguir una máxima utilidad no se ha de sacrificar necesariamente la calidad de la música. Pero la eficiencia es lo imperante, por lo que el objetivo ideal se acerca más a una música útil que a una música buena. Por supuesto, puede darse el caso de que una música no sea buena ni en calidad ni en utilidad. En otras palabras: que además de ser mala música, no sirva a los intereses o necesidades del filme. Lo normal es que haya buenas creaciones también válidas cinematográficamente: un compositor escribe una buena música que es también útil, porque sabe cumplimentar las necesidades de la película para la que ha sido creada. Pero, ¿puede una mala música ser buena cinematográficamente?. De ser así, es obvio que su presencia es positiva. Entonces, ¿sería deseable que esa música, ya que es *útil*, fuese *buena*?. No necesariamente: un filme puede requerir que lo que suene sea una mala música, o una música mal interpretada instrumentalmente. Y no hace falta contratar a un mal compositor para que lo haga. En *Citizen Kane* (1941), de Orson Welles y con música de Bernard Herrmann, uno de los personajes es una mediocre joven que anhela ser cantante de ópera y a la que su todopoderoso amante financia el estreno de una obra para su lucimiento. Herrmann escribió un aria, *Salamboo*, la pieza que ella ha de cantar, y el guión especificaba que las críticas eran devastadoramente negativas, por lo que ese aria debía que ser pésimamente cantada y sonar mal. De lo contrario, los espectadores aplaudirían una interpretación que era importante que fuese horrenda. No se escribió mala música; sencillamente se hizo que sonase mala.

Si en una película un personaje es un mal violinista, no sería entendible que tocase el violín con destreza; por el contrario, ayudaría escucharle interpretar sin talento el instrumento. Elmer Bernstein, en *The Man with the Golden Arm* (1955) hizo que la música que Frank Sinatra tocaba (era batería de jazz) sufriera un proceso de degeneración a causa de la adicción drogadicta de su personaje, de modo que era un apoyo fundamental para entender el calvario que sufría el protagonista. O por ejemplo, podemos enfatizar a un personaje dándole una música buena frente a otro cuya música es vulgar. Pero una mala música de origen (sin necesidad de tener que *empeorarla* con fines dramáticos) puede resultar también efectiva. Por ejemplo, para recrear un ambiente soez, vulgar o decadente, nada hay mejor que aplicar mala música.

II. La Música en el Contexto Cinematográfico

La música en el cine tiene características que la distinguen de la música en general y que la convierten en una herramienta cinematográfica, por tanto, tan sonora como visual. Para comprenderlo hay que atender a los motivos por los que se inserta, las formas de aplicación y la interrelación que se establece con la película. Por ello es imprescindible abordar unas definiciones teóricas para extraer su máximo potencial y comprender la dimensión de su aplicación.

Por su comunicación: música necesaria y creativa

La música de cine no siempre nace de un proceso de libre elección. En ocasiones se demanda una música no opcional, sino obligada. Por música necesaria entiendo la que se necesita para una escena en concreto. Se trata de un término absoluto, ya que no se refiere a "cualquier" música, sino a una en concreto, bien definida y reconocible. Por tanto, no da lugar a distintas alternativas sino que es específica. Supongamos que en una escena aparece, en la línea del horizonte marítimo, un barco. Si en ese instante suena el "Oh Britannia", el espectador sabrá de modo inmediato que ese barco es inglés. Imaginemos otra en la que una pareja se conoce en una fiesta. Si en la escena siguiente ambos pasean por Roma y suena la marcha nupcial de Mendelsson, sabremos que se han casado. Si vemos unas tropas marchar acompañadas por "La Marsellesa" deduciremos, sin demasiado esfuerzo, que el ejército es francés. O si nos encontramos en un lugar y la música que se escucha es una ranchera, supondremos que no nos hallamos precisamente en Finlandia.

¿Qué es lo que se consigue con la inserción de esas músicas?. En primer lugar, establecer una comunicación intelectual con el espectador, a quien se le da una información precisa. No se trata tanto de provocar emoción como de aportar un conocimiento. En segundo lugar, y es lo más importante, ahorrar explicaciones innecesarias, que se pueda dinamizar el ritmo o hacer elipsis: con el "Oh Britannia" sonando, se evita tener que mostrar la bandera inglesa o al capitán exclamando algo así como "¡volvemos a Londres!". Con la marcha de Mendelsson, se pueden obviar secuencias del casamiento, etc. Por tanto, si lo que interesa es que el espectador sepa que ese barco es inglés o que la pareja se ha casado, con la aplicación de esa música se logrará de manera inmediata, dinamizando ritmo y narrativa. La música necesaria es, pues, una herramienta de comunicación intelectual. Obviamente, no es el sueño de ningún compositor el dedicarse a hacer arreglos del "Oh Britannia" o de la marcha de Mendelsson, por lo que estos ejemplos tienen un nivel de creatividad más bien bajo. Es la servidumbre de la música necesaria: poca creatividad (salvo excepciones), pero gran utilidad cinematográfica.

Por música creativa me refiero a aquella que a priori no es necesitada en una escena, pero que es bienvenida. Se trata de una aportación "extra" del compositor que ayudará al filme sin ser un requerimiento exacto y absoluto, sino más bien libre y opcional. Cuando a un compositor se le pide un tema romántico, puede escribir cientos de ellos y, aunque el finalmente elegido sea considerado el mejor, seguramente no sería el único que funcionaría. Por tanto, todo lo que tiene de necesario la música creativa es su carácter genérico (música de intriga, de acción, romántica o de cualquier otro tipo), mas no el específico.[31] Y la comunicación que se establece entre ella y el espectador es en principio emocional, pero puede llega a ser intelectual. Esta distinción delimita cuándo se ejerce una función mecánica o artística. Ambas pueden ser

---

[31] Por muy libre que sea la creatividad del compositor, siempre hay una exigencia concreta, tal y como acertadamente explicó Eisler: «*Debe existir una relación entre la imagen y la música. Si los silencios, los tiempos muertos, los momentos de tensión o lo que sea se rellenan con una música indiferente o constantemente heterogénea, el resultado es el desorden. La música y la imagen deben coincidir, aunque sea de forma indirecta o antitética*» (Adorno, T. y Eisler, H.. Op. cit. p. 91).

compatibles e interrelacionarse, según los casos. Una música creativa puede derivar hacia cauces necesarios, si bien difícilmente a la inversa: una vez se le otorga una función intelectual los componentes emocionales (sensación) pueden quedar implícitos, pero pretender desligarla de la comunicación intelectual (información) puede resultar confuso, como veremos cuando aborde la música repercutida, por ejemplo.

Los supuestos citados de música necesaria han sido, en buena medida, superados con el tiempo: en el cine actual ya no se ven escenas de barcos con el "Oh Britannia" de fondo, pero este fue un recurso frecuente durante décadas. Aún así, se han ido generando nuevas formas de música necesaria a costa de acercarse a los postulados de la música creativa: si estamos en México, el aplicar la melodía de una ranchera puede ser fruto de la creatividad del compositor (hay miles de racheras que crear), pero su inserción resulta necesaria si pretendemos dar una información precisa: supongamos que tenemos una escena en la que sólo vemos cómo aterriza un avión. Si suena esa ranchera, sabremos que hemos llegado a México.[32] Recordemos el ejemplo del capítulo anterior, el de la pareja que paseaba por el parque al son de una melodía agradable, que vuelve a sonar cuando él está en una trinchera, pensativo. Deducimos de modo inmediato que está pensando en su amada; si por el contrario lo que se oye era la música de un cabaret sabremos que su pensamiento lo tiene puesto en algún divertimento más mundano. En este caso vemos cómo una música creativa se ha convertido en necesaria, porque del vínculo emocional hemos pasado a uno intelectual, en el que la música no se limita a una ambientación sino que funciona de modo narrativo evidente.

---

[32] Nada hay peor que una música que pretenda informar y no sepa hacerlo. Por ello, la música necesaria sigue siendo vigente en el cine, aunque hayan cambiado las formas. Siempre y cuando quiera utilizarse como elemento de información, la música será necesaria. A un compositor puede no serle especialmente grato hacer variaciones sobre un mismo tema, pero si con esas variaciones la película gana en información, entonces su existencia es obligada.

Por su origen: música original, preexistente y adaptada

En una banda sonora puede coexistir música original, escrita expresamente para el filme, y también música preexistente, que es la creada con anterioridad y no para el filme (como música clásica). Como veremos, aplicar música original goza de ventajas y pocos inconvenientes; por el contrario, recurrir a la preexistente comporta riesgos, si bien también tiene sus virtudes. Eso sí, son bastantes las ocasiones en las que se ha empleado música preexistente sin prever sus peligros y no son tantas las razones que justifiquen su presencia.

Si una película trata sobre la vida de un compositor, lo lógico es que suene su música: en *Amadeus* (1984) la banda sonora está integrada por temas de Mozart. Si un filme se ambienta en un momento histórico y lo que se quiere es remarcarlo, es razonable que se recurra a música del período.[33] Pero tampoco sería imprescindible hacerlo, ya que puede crearse música original. Si un personaje tiene especial predilección por una melodía popular y conocida, o por un cantante, no es descabellado que esa melodía o la canción esté en el metraje, ya sea porque el propio personaje la escucha o porque se quiere que el espectador sea consciente de su preferencia. Por tanto, las razones que justifican la presencia de música preexistente son las argumentales, es decir, que la película necesite esa música para su desarrollo, para la comprensión de un personaje o el contexto histórico. Incluso también cuando aparentemente no está justificada pero sirve para efectuar el contraste buscado, beneficiándola, tal y como sucedió en *2001: A Space Odyssey* (1968), de Stanley Kubrick, que aplicaba el "Danubio azul" de Strauss sobre unas imágenes futuristas. Pero si la música preexistente no tiene justifi-

---

[33] Aunque con cuidado: poner música de Haendel en un filme ambientado en la Corte británica del XVIII tendría sentido. Pero sería discutible en una película que, aunque ubicada en el mismo país y siglo, se centrase exclusivamente en la vida de los campesinos. ¡Difícilmente pudo llegar a escuchar en vida a Haendel!. La opción lógica sería recurrir a música *popular* del período, no *aristocrática*.

cación clara en la película se corren riesgos. El más importante es el peligro de distraer la atención del espectador, y no hay nada peor que eso. Una película no puede permitirse el que el espectador, de pronto, empiece a pensar dónde ha escuchado la música que está sonando, o bien se ponga a tatarearla, sin prestar atención a lo que se está narrando. Si esa música, en lugar de *meterle* en el filme, le hace perder la atención y, por tanto, *sacarle*, será un desacierto. No es casualidad que estas situaciones las provoquen los directores en su empeño de que suene una música que les gusta, incluso cuando nada tenga que ver con el filme y en contra del criterio del compositor.[34]

El compositor John Morris se opuso abiertamente a que David Lynch pusiera el "Adagio para cuerdas" de Samuel Barber en la secuencia de la muerte de *The Elephant Man* (1980), alegando (y esta es otra de las grandes razones en contra del uso de música preexistente no justificada) que rompía la unidad estilística de la música en la película. Morris no negó su exquisita belleza, pero razonó que nada tenía que ver con lo que él había ido edificando a lo largo del filme y que, teóricamente, debía encontrar su conclusión lógica en una escena tan importante como esa. Pero Lynch hizo valer su condición de director y mantuvo su propósito de incorporar el tema de Barber. Unos años después, Oliver Stone hizo lo mismo en *Platoon* (1986), película que tuvo un gran éxito. La consecuencia fue catastrófica para *The Elephant Man*: las nuevas generaciones de espectadores, cuando llegaba la escena de la muerte, inevitablemente exclamaban *¡es la música*

---

[34] No pocas veces un director se empeña en poner alguna canción que significa mucho en su vida. El problema es que para el espectador esa canción no signifique absolutamente nada. Cuando algún joven realizador me ha hecho una consulta al respecto, mi respuesta es inevitable: *tienes dos opciones: o pones un cartelito en el momento en que aparezca la canción diciendo que significa mucho para ti o la justificas, por ejemplo haciendo que uno de los personajes la mencione o se refiera a ella de alguna manera. Así es como la justificas y con ello puedes, si quieres, poner el repertorio completo del cantante, que a nadie estorbará porque su presencia será entendible.*

de Platoon!. Y la secuencia, la más importante del filme, perdía todo su dramatismo.[35]

Si en *2001: A Space Odyssey* el público identifica el vals de Strauss es porque hay una pretensión de que así sea. En cambio, cuando se identifica una música y distrae la atención de la película, entonces algo ha fallado. Ese, junto el quiebro de la unidad estilística, es el principal riesgo que tiene emplear música preexistente sin razón alguna. Eso sí, el cine de Woody Allen está plagado de temas preexistentes, con músicas de Gershwin o de maestros del jazz, pero en realidad está justificado al vincularlas con la ciudad de Nueva York. Por el contrario, la gran virtud de la música original es su capacidad integradora. El espectador no la espera, no la conoce y, por tanto, en principio no distrae ni estorba su atención (salvo, claro, que sea una música inadecuada y no funcione bien). Pero además tiene algo de lo que carece la preexistente: su flexibilidad o modulabilidad. Con la música original, un compositor puede pautar con precisión todas las inflexiones que tenga una secuencia, como por ejemplo dar énfasis a unos segundos determinados, ser sutil en otros, subir o bajar su tono, etc. En definitiva, acoplarse a lo que necesita esa escena, también a su duración y diálogos. Por el contrario, la música preexistente es inflexible, inmodulable, y tiene tiempo predeterminado, invariable (salvo que se haga una chapuza como el cortarla porque es más larga que la secuencia). Si no se planifica una escena en función de esa música preexistente, difícilmente se acoplará con la precisión que ofrece la música original.[36]

---

[35] Y además no tenía sentido alguno. Morris había escrito dos temas musicales para el protagonista: uno, circense, para definir al hombre elefante, visto como bestia de exhibición; el otro, un sentido adagio, que aplicó a John Merrick, el hombre tras la máscara de la bestia. En principio, el segundo debía ir tomando posiciones en detrimento del primero, en un símil de la recuperación de la dignidad humana del protagonista. La inserción del adagio de Barber dio al traste con tales pretensiones.

[36] El compositor de cine es como un corredor de obstáculos: debe saber sortear diálogos, giros, énfasis y cuantas precisiones necesite una escena. Por el contrario, la música preexistente puede tener, en su aplicación cinematográfica, una linealidad destructiva.

Hay supuestos en los que la música preexistente puede funcionar bien sin necesidad de ser justificada, incluso a costa de romper la unidad estilística. Si en una película quiere marcarse un punto y aparte, un paréntesis o una escena al margen de las restantes, entonces la diferenciación estilística puede ser óptima. En *Elizabeth* (1998), de Shekhar Kapur y con música de David Hirschfelder, se aplica el "Réquiem" de Mozart en la secuencia cumbre: cuando la reina decide renunciar a su condición de mujer y convertirse ella misma en una institución: corta su pelo, tapa su rostro con un denso maquillaje y pronuncia aquello de «*a partir de ahora, estoy casada con Inglaterra*». Se trata de una secuencia tan especial en el conjunto de la película que la música de Mozart contribuye a darle el adecuado tono místico-religioso, que se diferencia del político con el que se narra el resto del filme. Eso sí, concluida esa escena, la película se cierra con música original.

Pero, dado que la música preexistente es, *per se*, inflexible e inmodulable, cabe el recurso de adaptarla. Por música adaptada se hace referencia al empleo versionado de piezas preexistentes: son versiones retocadas de los originales y una de sus finalidades es la de poder ajustarla mejor a la película. Tanto la música original como la preexistente y la adaptada pueden encontrar su propio lugar dentro de una película, como es obvio. Pero también pueden interrelacionarse, de tal modo que dentro de un mismo tema, sustancialmente original, hayan fragmentos de música preexistente y/o adaptada, coexistiendo de manera natural y fluida, o de distintas combinaciones entre estos tres tipos de música, en función de las necesidades del filme. Como también es evidente, la música original, la preexistente y la adaptada pueden tener características de música necesaria o de música creativa, dependiendo de si quiere establecerse una comunicación intelectual o emocional.

Por su aplicación: música diegética e incidental. La falsa diégesis.

Otro aspecto es determinar cómo ha de aplicarse la música. Dos son los usos: el diegético y el incidental. La música diegética (también conocida como accidental), es la que proviene de fuentes naturales que el espectador puede reconocer físicamente en la película: la que surge de radios, equipos de música, instrumentos tocados ante la cámara, etc. La oyen o escuchan los personajes del filme y su sentido es realista. Ubica la música en un lugar concreto y su duración es exacta. En *Casablanca* (1943) se toca en el piano la canción "As Time Goes By": es realista porque expresa algo no ficticio (un hombre toca el piano y canta una canción), está ubicada en un lugar concreto (el café Rick), y su duración es exacta (la que el personaje tarda en ejecutarla). La música incidental es la que, por definición, no es diegética: no proviene de fuentes naturales, sino abstractas, el espectador no reconoce su lugar de procedencia y los personajes no la escuchan. En definitiva, es la música que suena "de fondo" en una película. No tiene sentido realista, sino que es irreal (¿de dónde surge la música en la secuencia de la ducha de *Psycho*?). Se ubica en lugares inconcretos como el ambiente, la psicología o las emociones de los personajes, y su duración no responde a criterios de exactitud, sino que se prolonga en función de las necesidades de cada escena, pudiendo interrumpirse y reanudarse mucho tiempo después.

El campo de acción espacial y dramático de la música diegética tiene limitaciones en comparación con las posibilidades de la incidental. Físicamente, la diegética sólo puede llegar hasta allá donde suene la música: su espacio es finito (es decir, que la música de una radio sólo puede ser escuchada por los que estén cerca del aparato). En cambio, el espacio de la incidental es infinito, ya que no conoce límites, puesto que los rompe: con la música diegética, si un personaje se aleja de la fuente de origen, se aleja también de la música. Con la incidental, no sucede, ya que perfectamente puede acompañarle allá donde vaya. La música diegética abarca todo el escenario en el que suena, y no es posible ni concretizarla ni expandirla. Por el contrario, con la música incidental sí puede concretizarse o expandirse más allá del campo escénico o visual. Supongamos una secuencia que transcurre una mañana soleada, en un parque público. Tenemos, en plano general, a dos personajes (los protagonistas) sentados en un banco, declarándose su amor. Junto a ellos, juegan unos niños, pasean gentes y unos ancianos leen el periódico. En el parque hay un templete donde una orquesta interpreta música romántica. Esa música, obviamente, es oída o escuchada por los protagonistas, los niños, las gentes y los ancianos, y su extensión abarca todo el plano. Imaginemos que repetimos la secuencia, toda ella exactamente igual y de nuevo en plano general, con la única excepción de que no hay orquesta en el templete. Si la misma música suena incidentalmente ya no está siendo ni oída ni escuchada por los protagonistas, los niños, las gentes y los ancianos. Como tenemos a los protagonistas declarándose su amor, hará evidente ante el espectador que esa música se está refiriendo exclusivamente a sus sentimientos. Por tanto, y en primer lugar, lograremos una suerte de primer plano dentro de un plano general; y en segundo lugar, pasará de ser ambiental (la de una idílica mañana soleada) a tener una intención dramática (la de expresar el amor de ambos protagonistas).[37] En el primer supuesto, la música diegética abarca todo el campo escénico; en el segundo, la incidental concretiza un punto determinado.

La música diegética adolece del potencial dramático del que goza la incidental: si la violenta música que Herrmann aplicó en la escena de la ducha de *Psicosis* surgiera de un equipo de música, no tendría efecto alguno. Por ello, cuando se ha querido emplear música diegética con efecto dramático, debe hacerse una preparación previa precisa. En *The Man*

---

[37] Y si la orquesta interpretara una música oriental, los protagonistas, los niños, las gentes y los ancianos estarían oyendo o escuchando una música oriental. Sin orquesta, y con la misma música, el espectador se preguntaría *¿dónde está el chino?*.

who Knew Too Much (1956), de Hitchcock, la secuencia más tensa se desarrolla durante un concierto, en el que un magnicida disparará en cuanto suenen los platillos. Para generar el clímax y fomentar la tensión, el realizador tuvo que hacer una serie de concesiones, como la de explicar varias veces que eso era lo que iba a suceder, de tal modo que los espectadores ya estaban sobre aviso antes. Pueden darse supuestos, sin embargo, en que la música diegética supere a la incidental en cuanto a eficacia dramática, sin necesidad de preparación. Un ejemplo lo encontramos en *Rocky* (1976), de John G. Avildsen. Una de las escenas más importantes –y mejores– del filme acontece en la destartalada habitación del protagonista, cuando por vez primera se atreve a acercarse a su novia y ambos tantean su amor mutuo, besándose. En lugar de sonar incidentalmente un tema de amor al uso, lo que suena es una canción que escuchan en la radio. Y la escena tiene una gran fuerza. Pero hay razones que lo justifican: la más importante, la deliberada voluntad de dar a la escena y a sus personajes un tono sobrio, de modo que al no tener un arropamiento musical emocional (música incidental) tanto Rocky como su novia quedan perfectamente retratados en su austeridad y humildad. Si se hubiera aplicado una música romántica incidental, la secuencia sería del todo convencional. Lo mismo ocurre en *Vertigo* (1958), de Hitchcock. Herrmann abordó el filme centrándose exclusivamente en lo referente a James Stewart y a Kim Novak. En el caso de Barbara Bel Geddes, si Hitchcock se cebó en su forzada *castidad* haciendo que fuera, nada más ni nada menos, una diseñadora de prendas íntimas femeninas, Herrmann la omitió por completo de su consideración, no dedicándole ni una sola nota: mayor soledad, imposible. La única música que escucha este personaje es la que proviene de un tocadiscos, que para más inri James Stewart le pide que quite, pues le molesta. Se trató de un recurso extremadamente inteligente, que funcionó por contraste: un personaje *huérfano* de música incidental (cuando los demás gozan de ella, y abundantemente) es un ser prácticamente abandonado a su suerte. Y, en manos de Hitchcock, eso resultó desolador. En *American Beauty* (1999), de Sam

Mendes y con música de Thomas Newman, sucede que la protagonista femenina –Annette Bening en el papel de una insufrible esposa– queda bien reflejada por la música que escucha y que hace escuchar a su familia mientras cenan... hasta el punto que su marido, harto de ella, estalla y exige que la quite.

No siempre es necesario mostrar la fuente de origen de la diégesis para que la música sea considerada como tal: basta con que se haga evidente que los personajes la escuchan. Así, en secuencias en las que se baile una música cuya fuente de origen no es vista el carácter sigue siendo diegético. El cine musical, sin embargo, constituye una excepción a la regla de la diégesis, ya que supone una completa abstracción de la misma y no sigue los mismos patrones por su carácter tan singular. El cine musical –con los personajes cantando y bailando sin que exista fuente sonora de origen–, tolera y asume como natural lo que en otros géneros sería inconcebible o, cuando menos, extraño. Por ello es, en términos musicales, un género aparte.

La música diegética tiene, como he indicado, carácter realista: si un personaje toca el piano, lo que escuchamos es la música de un piano. Con la falsa diégesis podemos lograr superar el carácter realista y darle un carácter abstracto, el propio de la incidental. Se trata de una falsificación de la diégesis. Es fácilmente localizable en escenas de baile en películas históricas, cuando para enfatizar la solemnidad, majestuosidad o pomposidad del evento suena mucha más música (y más intensa) que la que objetivamente debería escucharse de los pocos instrumentos que hay en pantalla. Es decir: que perfectamente podemos encontrarnos con un cuarteto o quinteto de músicos interpretando una música que sólo puede surgir de, como mínimo, una docena de instrumentos. O ver a un cantante cantando un tema con una música que supera, con creces, el número de instrumentistas que le acompañan. Como tal, la falsa diégesis es un recurso que permite emplear música diegética para darle un cariz cercano a la incidental. En otros casos, la música diegética puede compartir su espacio con la incidental, en una suerte de falsa diégesis, aunque no lo sea exactamente. Si por ejemplo un personaje toca una flauta (diegésis) y la melodía del instrumento se refuerza con la misma melodía orquestal (incidental) no estaríamos ante una falsa diégesis, porque el personaje sólo escucha una de las dos músicas, en tanto el espectador escucha ambas: una sirve a sus propósitos realistas; la otra, abstractos. Sin embargo, en su estado puro, la falsa diégesis pretende hacer creer que los personajes oyen lo mismo que el espectador, aunque sea absurdo.

Tanto la música incidental como la diegética pueden ser originales, preexistentes o adaptadas, y tener características necesarias o creativas. Asimismo, pueden interrelacionarse, de tal modo que un tema diegético pase a ser incidental, o viceversa. Las posibilidades son múltiples. En *Casablanca*, la canción "As Time Goes By" es tocada a piano en el Rick's Cafe y luego esa música es escuchada incidentalmente. En *Hush... Hush, Sweet Charlotte* (1964), de Robert Aldrich, la canción homónima es presentada en los créditos incidentalmente, para luego ser aplicada diegéticamente surgiendo de una caja de música. En ambos casos, hay finalidades concretas que lo justifican: en *Casablanca*, la música diegética que pasa a ser incidental sirve de referente dramático y romántico del amor entre los dos protagonistas; en *Hush... Hush, Sweet Charlotte*, la música incidental que pasa a ser diegética concretiza como explicación argumental la importancia de esa canción en la película.

Otro aspecto a considerar no es tanto el uso diegético e incidental de un mismo tema musical como la interrelación que se establezca de manera continuada en tiempo y espacio. En otras palabras, que desde que comienza a sonar una melodía hasta que acaba, la música haya tenido la doble aplicación diegética e incidental. Un ejemplo lo encontramos en *Young Frankenstein* (1974), de Mel Brooks. El tema principal, de John Morris, es presentado incidentalmente en los créditos, y más adelante interpretado diegéticamente por algunos personajes, que lo tocan al violín. Su importancia argumental estriba en que es la música que emplean para atraer a la bestia o para calmarla. En este sentido, su aplicación es semejante a la de *Casablanca*, la de *Hush... Hush, Sweet Charlotte* o tantas docenas de películas. Sin embargo, hay un juego más sutil en esa doble aplicación. En una determinada escena, cuando el monstruo de Frankenstein se ha perdido y sus dueños intentar localizarlo, suben a lo alto de una torre y, con el altavoz orientado, comienzan a tocar la melodía. En esta cómica secuencia, el monstruo responde a la llamada y, atraído por la música, comienza a escalar la pared de la torre, intentando llegar a sus amos. Para enfatizar su esfuerzo, aderezar lo humorístico y darle un tono grotescamente solemne, la música pasa inmediatamente a ser incidental. De hecho, los personajes han dejado de tocar sus instrumentos para ayudarle a subir, pero la música sigue sonando. Cuando la bestia ya ha acabado de subir y los personajes vuelven a sus instrumentos, la melodía pasa de ser incidental a diegética de nuevo. Estos tránsitos tienen una gran efectividad. Otro supuesto habitual es que un personaje escuche una música en una habitación y esa misma música le acompañe cuando, en la escena siguiente, está caminando por la calle. Habrá dejado de ser diegética para ser incidental y, de paso, habrá servido para enlazar dos secuencias distintas dotándolas de homogeneidad. En definitiva, el empleo en una misma película de música diegética e incidental puede resultar muy eficiente: mientras la diegética ambienta de modo realista, la incidental ahonda en lo abstracto.

Por su actitud: música empática y anempática

En su libro «La música y el cine», Chion aporta un término que merece, por su gran interés, ser analizado. Según Chion, la música empática es la que produce un efecto por el que se adhiere de modo directo al sentimiento sugerido por la escena o los personajes: dolor, emoción, alegría, etc.

La música anempática sería la que produce un efecto contrario al propuesto por las imágenes: es decir, música apacible en escenas tensas, melodías agradables para imágenes duras, o a la inversa: una música muy tensa e inquietante aplicada ante un paisaje en calma. La llamada música empática suele ser considerada, en no pocas ocasiones, *redundante* (es decir: música romántica para escena romántica, por ejemplo) y a veces es verdad que resulta obvia. Pero en otras ocasiones su cometido es el de multiplicar una emoción concreta: esto es, *más* terror, *más* amor, *más* dolor del que presentan imágenes y personajes. Así, lo que se logra es exacerbar lo expresado en escena, lo que implica que se la está intensificando. Pero ha de quedar clara la utilidad de lo que sería una música *redundante* pues, aunque sirva de acompañamiento, si logra que el espectador acepte de buen grado la secuencia en que se aplica, ha cumplido su función. Otra cosa sería que una melodía pretendiese crear tensión en una escena tensa... y que esa música no generase la tensión necesitada. Sería la evidencia de una música redundante e inútil.

No creo procedente dar una relación de ejemplos de música empática, porque el concepto es obvio y cualquiera puede recordar abundantes casos. Un ejemplo de música anempática es el de Dimitri Tiomkin para *Strangers on a Train* (1951), de Hitchcock, en la que la escena del crimen es acompasada al son alegre de un tiovivo.[38] Otro es el contraste entre la música clásica y las imágenes sumamente violentas de *A Clockwork Orange* (1971), de Stanley Kubrick, con poderoso efecto. O el montaje de secuencias paralelas con que acaban las películas de Francis Ford Coppola *The Godfather* (1972), su tercera secuela, y *The Cotton Club*

---

[38] En la escena del crimen se produce un notorio efecto-trampa de falsa diégesis: asesino y víctima se encuentran por vez primera cerca del tiovivo, y la música suena a su volumen natural. Cuando se alejan de allí, en una barca, hacia la isla donde se cometerá el asesinato, la música obviamente se aleja también. Sin embargo, en el momento en el que el hombre estrangula a la mujer, la música del tiovivo sube su volumen, para bajarlo justo después de cometido el crimen. Es una manera de remarcar, con mayor contundencia, su carácter anempático.

(1984), donde las matanzas finales se *coreografían* con arias o un baile de claqué.[39] El contraste pretende provocar, en algunos casos, la indiferencia ante lo que está sucediendo. Pero no necesariamente la del espectador sino la de los personajes, ya que la música parece querer convertir hechos violentos concretos en actos rutinarios. En otras ocasiones no se pretende un contraste directo con la imagen, sino que se toma como referente algún elemento surgido de la escena para aderezarlo con la música, pero no el elemento principal de la secuencia, sino alguno accesorio o paralelo, que sirva a similares propósitos. En la película de Ang Lee *Wo hu zang long* (2001), la primera escena de combate se acompasa con una música muy percusiva, de Tan Dun, que da un tono coreográfico al conjunto de la misma, de modo más ritual que no violento. Pero la escena en sí es de lucha de a vida o muerte, no de mero entrenamiento entre dos mujeres. El compositor priorizó el factor estético –con los personajes dando increíbles saltos, subiendo por las paredes o ingravitando en el aire– sobre el hecho violento. Claramente, la música era anempática en lo argumental –la pelea– y empática en lo visual. Pero justificada en ambas perspectivas. Se trata, pues, de decidir entre las distintas ópticas que ofrece una secuencia.

Por su vinculación: música integrada

Obviamente, la música puede insertarse sin otro compromiso que el del acompañamiento, para resolver una secuencia o el conjunto de la película. Pero puede también

---

[39] Las secuencias finales de *The Godfather* y de *The Godfather, Part III* (1990) son aparentemente similares: en ambas se cometen matanzas a la vez que los Corleone asisten a un acto conjunto: un bautizo en la primera y una representación operística en la tercera, y en ambas hay un factor religioso argumental y musical, porque en la Ópera se representa una escena religiosa. En *El Padrino* la música es completamente anempática, distante, ceremonial; en *The Godfather, Part III* se mantiene similar carácter, pero aquí combinado con la inclusión de uno de los temas centrales de la saga, que resalta, a diferencia de la primera entrega, la presencia –invisible– de Michael Corleone. En esta, la secuencia se apoya en música empática y anempática alternativamente.

asumir una función activa en la explicación de una escena o del filme, mediante la inserción o absorción de elementos del argumento o de los personajes, de tal modo que se interrelaciona imagen y música. Y esos elementos pueden ser tanto narrativos como dramáticos. Es lo que hace la música integrada, cuyo enraizamiento con imagen o personajes la convierten en imprescindible para entender la escena, personajes o película. La gran diferencia entre la música no integrada y la que lo es radica en la imposibilidad de aplicar esta última en cualquier otra película sin perder su sentido. El tema principal de *Out of Africa* (1985), con música de John Barry, es una bella melodía que, de todos modos, podía ser perfectamente aplicada en otro filme similar. Es una partitura creativa que funciona muy bien, pero que podría sonar en otra película romántica. Por el contrario, la citada música de Morris para *Young Frankenstein* es integrada: tiene justificación argumental (la tocan y mencionan los personajes) y guarda relación directa con lo explicativo. Por tanto, no tendría el mismo efecto aplicada en otro filme.

Algunos ejemplos de música integrada:

1.- *Sunset Boulevard* (1950), de Billy Wilder, cuya música fue escrita por Franz Waxman. Narra la tétrica historia de un guionista irrelevante a quien una antigua estrella del cine mudo le encarga escribir el guión que la hará volver a la gran pantalla. El compositor tomó tres elementos del guión y de la protagonista. En primer lugar música dramática contemporánea para ubicar el filme en la época en que transcurre su acción (los cincuenta); en segundo lugar un tango decadente, gótico, siniestro y obsesivamente sincopado, como expresión diáfana de la alienación de un personaje que cree vivir en la época del Hollywood dorado (el cine mudo... los tiempos de Rodolfo Valentino); en tercer lugar, una melodía vagamente inspirada en el "Salomé" de Richard Strauss, justificado por ser ese el personaje con el que ella sueña con regresar al cine. Estos tres elementos encuentran su punto culminante en la secuencia final, el descenso por las escaleras ante las cámaras y la policía, interpretando ella el personaje con el que aspira volver, la gran Salomé. Ese instante conjuga a la vez lo grotesco de la situación, la paranoia del personaje y la absoluta decadencia del mundo que abandona. En este caso, el empleo de música contemporánea no es integrado, pero tanto el tango como la versión de "Salomé" sí responden a los patrones de música integrada: tienen una justificación argumental y hacen más explicativa la locura y decadencia del personaje. Asimismo, sin su aplicación, la música perdería parte de su sentido. La música contemporánea la podríamos insertar en otra película de la misma época; el tango y "Salomé" sencillamente no.

2.- *The Omen* (1976). Dirigido por Richard Donner, este filme de terror sobre un niño satánico que destruye lo que se opone a su poder, tuvo música de Jerry Goldsmith. El tema coral "Ave Satani" (y sus derivaciones) no se limita a servir de acompañamiento secuencial en los momentos más inquietantes, sino es la expresión elocuente de los estados anímicos y la agresividad del pequeño, de modo que, frente a la inexpresividad del niño, la música explica los diversos grados de furia del diablo, hasta tal punto que la melodía conduce más al personaje que a la inversa.

3.- *The Elephant Man* (1980), a la que me he referido, con música de John Morris. Narra la vida de John Merrick, un joven que en el Londres de finales del siglo XIX, sufrió una terrible malformación que hizo que fuera exhibido como una bestia en un circo, pero que fue rescatado y hospedado por un médico en un hospital. La primera secuencia de gran dramatismo es aquella en la que Merrick es humillado de noche por el celador del hospital, quien lleva a su encuentro a borrachos y prostitutas para que se burlen y lo zarandeen, antes de que su antiguo propietario lo secuestre y se lo lleve. Aparte de una degeneración o dramatización del tema principal de la película, lo que suena en esa escena es un ballet... ¿y por qué un ballet?. Morris tuvo la opción de aplicar una música circunstancial (una *música del horror*, por ejemplo), pero consideró que la escena ya era suficientemente dramática y que poco iba a poder hacer una música con ese mismo patrón. Con ese calibre de tensión y angustia, el espectador estaría esperando una música que acompañase la imagen al modo convencional. Pero la sorpresa fue que sonó un ballet, ¿pero por qué?. En primer lugar, para acompasar tétricamente los balanceos que sufre el hombre elefante. Sus compases se intensifican, luego se detenienen cuando cesan las sacudidas y se reinician, con mayor brutalidad, cuando vuelven a producirse, tras unos segundos de descanso. Un ballet macabro, desde luego. Pero en segundo lugar, y es mucho más importante pues así Morris *remueve las tripas* del espectador y le hace sentir el dolor de la humillación, porque el espectador sabe (ha sido previamente informado de ello), que el gran sueño de Merrick es asistir a una representación... de ballet. Y ahí tiene su ballet. Más efectivo que una música circunstancial y, desde luego, mucho más hiriente.

4.- *The Red Violin* (1999), película de François Girard con música de John Corigliano que narra la odisea de un violín desde que es construido por un artesano en el siglo XVII hasta que llega a una subasta, a finales del XX, pasando de mano en mano. El compositor, a partir de un tema principal definitorio del instrumento, le dio derivaciones dramatizadas con las que, metafóricamente, logró plasmar los estados de ánimo (alegría, nostalgia, depresión) que sufría... ¡el propio violín!.

No por ello debe deducirse que la música no integrada es de menor categoría que la que lo es, en absoluto. Su distinción se reduce simplemente a su mayor o menor implicación argumental. Las creaciones jazzísticas de Duke Ellington para *Anatomy of a Murder* (1959), de Otto Preminger, o la de Miles Davis para *Ascenseur pour l'échafaud* (1957), de Louis Malle, son extraordinarias pero intercambiables. Sin embargo, otra partitura jazzística como la de Elmer Bernstein para *The Man with the Golden Arm*, está tan plenamente integrada en el filme que con su separación de las imagenes perdería su sentido.

Para comprender la dimensión de la música integrada, la abordaré en su grado más extremo: aquél que permite tomar de una escena objetos físicos para incorporarlos en la banda sonora, haciéndolos invisibles a la vista del espectador y logrando que sigan presentes en la secuencia, de tal modo que quien vea la película no estará viendo ese objeto, pero estará percibiendo su presencia. El objetivo sería aliviar o aligerar una secuencia y hacer que su narración sea más fluida, sin el condicionante de la presencia de un objeto que, aunque imprescindible, cumple mejor su función estando en la música y no en el campo visual. En cierta manera, la banda sonora *roba* de la imagen ese objeto para devolverlo en forma de música. No se verá, pero estará ahí. Así se consigue no tener que contar con su presencia y facilitar que puedan contarse otras cosas que interesen más al director. Un ejemplo: el reloj en las escenas en que suele señalarse que el paso del tiempo es fundamental para la consecución de un estado de tensión. Hemos visto muchas veces cómo se insertan planos de las agujas o dígitos de un reloj, avanzando inexorablemente hasta llegar a una explosión, un crimen, etc. Lo que haría la música integrada sería eliminar la presencia del reloj para incorporarlo en la música, de tal modo que no se viera, pero sí oyera: así, la narración podría centrarse en otros aspectos, sin verse obligada a mostrar el reloj. Estaríamos ante una música en la que suena el tic-tac de un reloj que no se ve, pero cuya presencia se percibe. Según los casos, el efecto puede llegar a ser mucho más angustiante, porque la propia música es la que puede marcar, con una alteración de su ritmo o cadencia, que el tiempo se acaba. Es lo que hizo Henry Mancini en *Touch of Evil* (1958), cuando en el largo plano-secuencia inicial se imita con la orquesta el tic-tac de un reloj-bomba, que estallará al final. El reloj-bomba no se ha visto, pero ha estado omnipresente. Y es probable que si se hubiera visto, la escena no resultase tan efectiva. En este caso la música toma un objeto para incorporarlo en la melodía. Pero puede suceder al revés: que la música incorpore objetos (en forma de música, claro está) a priori no esperados, pero cuya presencia ficticia sirva para dar mayor fuerza a una secuencia. Ángel Illarramendi, en *El hijo de la novia* (2001), de Juan José Campanella, integró la melodía de una caja de música inexistente en imagen y argumento, pero que fue útil para dar el tono nostálgico y de evocación de la felicidad infantil del protagonista en la relación con su madre.[40] Otro ejemplo: en *Planet of the Apes* (1968), de Franklin J. Schaffner y con banda sonora firmada por Jerry Goldsmith, en la escena de la cacería de humanos (cuando los simios irrumpen montados a caballo y capturando hombres) en la música suenan cuernos de caza, que es un instrumento pero también un objeto ceremonial. La escena no los tiene visualmente, sí musicalmente. Con su incorporación, la secuencia es más violenta, más grotesca, más terrorífica. Si los simios llevasen esos cuernos y los tocasen, su efecto sobre el espectador podría llegar a despertar la hilaridad, por lo excesivo.[41]

No sólo pueden formar parte de la música integrada objetos físicos. También sonidos como el viento, las olas, silbidos, onomatopeyas... cualquier elemento sonoro que permita acercar la música a los aspectos argumentales o dramáticos de la película.

---

[40] La incorporación en la melodía de una caja de música puede ser decisiva si, además, es importante argumentalmente. Si sabemos que para un personaje tiene un significado especial, cada vez que la escuchemos tendremos esa referencia, sin que sea necesario enseñarla. Y es que la música integrada facilita una referencia rápida, que el espectador puede comprender. Un director que tuviera que enseñar en imagen, constantemente, esa caja de música, estaría ralentizando la acción y perjudicando la película.

[41] Hasta esa escena, la partitura había sido más sugestiva que explícita, dada la ausencia de acontecimientos concretos. Pero aquí los personajes se encuentran con la primera evidencia del horror y, por tanto, en la música surge súbitamente el caos: la partitura evoca un ballet grotesco y desenfrenado, con referencias a Stravinski, y que parece coreografiar las persecuciones. Goldsmith incluyó entre los instrumentos esos cuernos de caza, lo que incrementó la confusión y la violencia. En cierta manera, el espectador vive ese momento como también fuese cazado. A partir de ahí, todo lo que suena está vinculado al concepto de opresión y violencia. De hecho, el único momento de liberación corresponde a la secuencia final, en la que el protagonista ha podido escaparse... pero es un final tan desalentador que la música tampoco es optimista.

ORIGEN CREATIVO

MÚSICA NO INTEGRADA

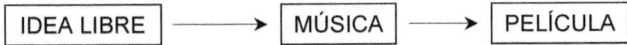

MÚSICA INTEGRADA

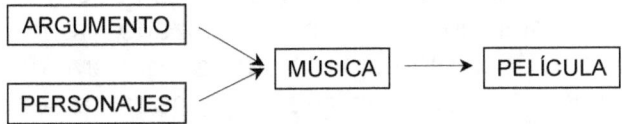

La música no integrada nace de un proceso creativo a partir de ideas generales o concretas, pero siempre a partir de criterios personales para aderezar, reforzar, ralentizar o acompañar. Puede tener (o no) intensidad dramática y el propósito de acoplarse al ritmo visual. El origen creativo de la música integrada surge de la imagen y del guión de la película. El compositor toma elementos del argumento o de los personajes para elaborar la música y su existencia se justifica por el guión del filme.

APLICACIÓN

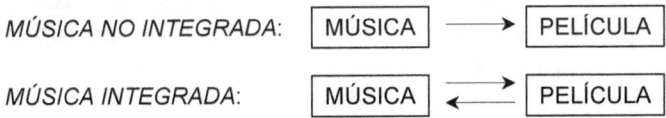

La música no integrada *alimenta* la película unilateralmente (música a película) y, en su mejor grado, se pega como una capa de piel. Complementa el filme y aunque lo haga más entendible, no por ello lo hace explicativo.[42] Por contra, con la música integrada establecemos conexiones concretas, bilaterales (música/película/música o película/música/película), de modo que edificamos una suerte

---

[42] La música en una secuencia de persecución de coches, por ejemplo, puede ser elaborada, intensa y contundente. Dinamiza la acción y genera tensión. Pero no explica nada que la imagen no revele por si sola. Sencillamente la refuerza.

de comunicación entre imagen y música o una red de conexiones que hacen que la música sea entendible por la película... o la película por la música. Es entonces cuando si se desliga la música de la secuencia, la primera pierde buena parte de su sentido y la segunda acaba siendo menos explicada.

Una música no integrada puede pasar a ser integrada, pero no a la inversa: una vez que asume elementos explicativos, siempre que sea utilizada tendrá relación intelectual con esos elementos. Sucede generalmente con los temas iniciales de los filmes que luego pasan a ser definitorios de un personaje. Por ejemplo, la fanfarria que suena en los créditos de *Batman* (1988), transformada inmediatamente en melodía identificativa del protagonista: su presencia se vinculará a él exclusivamente, incluso cuando no esté en pantalla. Por ello, una vez la música se ha integrado, no podrá ser desligada de su factor explicativo. Naturalmente, los grados de integración pueden ser diversos y participar en el filme de modo compatible a la música que no lo es.

El tiempo imposible

Planteo un supuesto real y detallo su resolución, explicada a partir de la adecuada combinación de algunos de los elementos analizados.

1.- Planteamiento

En el western *Per qualche dollaro in più* (1965), de Sergio Leone con música de Ennio Morricone, Gian Maria Volonté es un sanguinario asesino con macabra afición a disparar a sus adversarios cuando acaba de sonar la música de un reloj que tiene. Reta a sus enemigos: *cuando acabe de sonar la música, dispara*. La música del reloj dura 60 segundos. Y es diegética, claro. Bien, nos encontramos con una escena de máxima tensión: el malo anuncia a un desvalido hombre que le va a matar *cuando acabe de sonar la música*. Sabemos, porque así es el cine, que el hombre está condenado a morir. Saca el reloj y lo abre. Comienza la música. Pero su calvario no dura 60 segundos, sino que supera los 90. Cuando acaba, dispara y la víctima es abatida. ¿Cómo se ha hecho?. No se ha añadido una sola nota de música al reloj (sería demasiado evidente) y no cambiamos de escenario.

2.- Solución

El objetivo es incrementar la tensión y desconcertar al espectador, quien percibe que la escena se hace eterna sin saber cómo ni por qué. El truco parte de algo muy sencillo: Morricone le *roba* la música al reloj y después se la devuelve, al final de la secuencia. Este es el proceso: Gian Maria Volonté abre el reloj y la melodía empieza (música diegética). Poco a poco, empieza a escucharse "de fondo" (música incidental) y el tema del reloj se incorpora a esa melodía, hasta integrarse de lleno en ella. Ya no se escucha el reloj, sino que suena la partitura incidental que incorpora la melodía, muy manipulada. Al ser una música irreal, no sujeta a un tiempo determinado, puede alargarse lo que se quiera (dentro de unos límites razonables). Finalmente, es *devuelta* al reloj y sólo suena éste, hasta que acaba. El resultado es que en apariencia la música del reloj no ha dejado de sonar, aunque en la realidad se ha interpuesto una melodía que ha distraído la percepción del espectador. Para lograrlo, Morricone efectuó unas cuantas maniobras de confusión. La escena se desarrolla en una iglesia convertida en establo y por ello incorporó a la melodía incidental un órgano con el que dar solemnidad a la muerte anunciada y, de paso, evitar que el espectador estuviese pensando en el reloj. También empleó una guitarra tocada especialmente grave, con el fin de llamar la atención sobre ella y, en definitiva, que durante unos instantes no se pensase en el reloj.

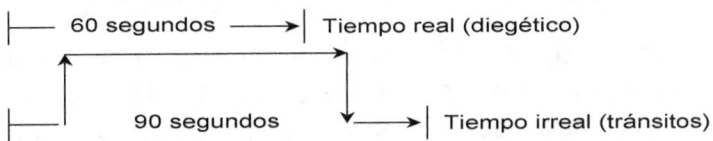

3.- Segundo planteamiento

Pero aquí no acaba todo. Se ha resuelto la escena, se ha hecho la trampa, y la percepción del espectador ha sido manipulada. Esto funciona porque no se espera que suceda algo así y no da tiempo a reaccionar. Pero volver a repetir el truco comporta el riesgo de que en una segunda ocasión sí se detecte la trampa, con lo que el efecto se pierde. Pues bien. Al final de la película sucede lo siguiente: se repite la escena del reloj, en su tiempo real, e inmediatamente después se repite de nuevo.... pero con una duración de dos minutos y medio. El espectador no percibe la alteración. ¿Cómo se ha hecho?.

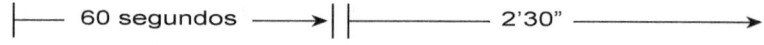

4.- Solución

En principio es osado ver sonar el reloj en su duración real y someter, inmediatamente después, a la trampa del tiempo manipulado. La solución técnica es idéntica a la del primer planteamiento: el tránsito música diegética/incidental/diegética y la integración de la música. Pero el espectador sí detectaría en esta ocasión el engaño. La clave está en el argumento del filme y de esa secuencia: la ausencia de tensión. Así es como se desarrolla la escena: el malo se planta ante uno de los protagonistas (Lee Van Clift), cuya arma está en el suelo. Saca el reloj y le espeta cruelmente: *cuando acabe de sonar la música, dispara.* Naturalmente, resulta imposible que el hombre pueda coger su arma sin recibir un balazo. La escena dura lo que dura la música del reloj. Justo cuando la toca a su fin, aparece otro protagonista (Clint Eastwood), quien apunta con su arma al malo... y saca otro reloj, idéntico. Y le dice: *Ya conoces el juego. Cuando acabe de sonar la música, dispara.* Comienza de nuevo la música y se efectúa el tránsito conocido.

En el supuesto inicial la música era unidireccional, pues provenía del malo y se dirigía *en contra* del hombre que iba a morir: el espectador sabía que su duración iba a ser la misma que el tiempo de vida que le restaba al pobre hombre. Una suerte de calvario que, naturalmente, generaba una gran tensión, por su crueldad. Exactamente igual que en la primera parte del segundo planteamiento. Ahora bien, las cosas varían cuando Clint Eastwood lleva la iniciativa: de pronto, la música del reloj cambia su dirección unilateral y se vuelve *en contra* del malo: el espectador sabe ahora que su duración será la misma que el tiempo de vida que le quede al villano (sencillamente porque es un western, Eastwood es el héroe, es la escena final... ¡y el malo ha de morir!). De pronto, lo que antes generaba tensión, ahora provoca alivio y alegría en el espectador. Tanto que incluso Morricone se permite incluir unas castañuelas, a modo de celebración del fin del perverso protagonista. Y como la escena es tan aliviante, no importa que se extienda en su duración hasta un tiempo imposible: el espectador lo agradece. Cuando la música vuelve al reloj, el malo cae fulminado. Esto no es mera música de cine. Esto es puro cine.

III.   Distribución Musical

Básicamente hay dos métodos de afrontar musicalmente un filme: uno es considerarlo en su conjunto y buscar dotarlo de un tono coherente, que no tiene que ver necesariamente con la unidad de criterio estilístico, pero sí que mantenga cierto color o intencionalidad para revestir la película en su totalidad, y luego entrar en detalles de cada escena, teniendo presente lo que se vaya a hacer o se haya hecho en el resto. El compositor elabora un planteamiento general para luego amoldar el tipo de música pensada a las necesidades del filme. Es este caso –por otra parte el habitual– el compositor debe, antes de empezar a escribir, contestar preguntas como ¿qué tipo de música necesita la película?. ¿Cómo va a ser distribuida?. ¿Cuánta?. ¿Cuántos temas y cuáles de serán centrales o secundarios?. ¿Qué personajes la van a necesitar?. ¿Cómo la empiezo y cómo la acabo?. En definitiva, hacer una estrategia en la que su visión abarque en primera instancia la de toda la película y, en segunda, aspectos concretos y específicos, como las secuencias. De este modo no sólo se busca que la película sea revestida de manera sólida, sino dotarla de una estructura que puede llegar a ser geométrica. En cierta manera, se elabora un guión musical, paralelo al del filme, para luego acoplarlo. Un segundo método, por supuesto lícito y en ocasiones necesario, es el no hacerse planteamientos tan precisos a priori, sino resolver escena tras escena sin preocuparse por el conjunto de la película o por lograr una estructura sólida. En los supuestos en los que se toma esta opción puede pretenderse una estructura anárquica, incluso caótica, porque quizás la película lo necesite. Y en estos casos, en realidad, el compositor deberá responderse a algunas de las mismas preguntas que las que se hace quien busca una estructura ordenada. Pero otras veces se trabaja así fruto de la incompetencia de un compositor que no entiende los requerimientos del lenguaje cinematográfico o de un director que no le da importancia a la música.

Para precisar más: un compositor que utilice un mismo tema en más de una secuencia ya está, en realidad, entrelazando distintas partes de la película y, por tanto, estableciendo una conexión a lo largo del metraje. En este caso se trabaja con el primer método, el de una visión global de la película, por nimia o débil que sea, pues se da un valor justificativo a la música. Por el contrario, cuando nada de lo que suena guarda relación entre sí, entonces no hay otra intención que hacer que la música sirva de mero acompañamiento.[43]

---

[43] Aunque esto no sea en absoluto despreciable, especialmente si lo que se pretende es dotar la película de una ambientación genérica, sin recurrir a la música para otros fines.

¿Cuánta música necesita una película?

«No hay nada más engorroso para el público que una música que no es bienvenida, por no necesaria, o que es empleada tan frecuentemente que, cuando es realmente necesaria, ni siquiera es escuchada».[44]

John Morris

Morris justificó así la escasa cantidad de música de *The Elephant Man*, y vale también para explicar la poca duración de su banda sonora para *Young Frankenstein*. Ambas, sin embargo, son impecables ejemplos de buena música cinematográfica. En sentido contrario, Morris había escrito una extensa, variada y prolija banda sonora para *Silent Movie* (1976), que asimismo es una creación ejemplar.

¿Qué es, pues, lo que determina la extensión de una partitura cinematográfica?. La respuesta más acertada es también la más obvia: tanta como necesite la película. Así, desde el no poner ni una nota hasta llenarla de ella hay un amplio espectro en el que, en todo caso, lo verdaderamente condicionante será que la música tenga su razón de ser y esté justificada.[45] Hay películas que necesitan muy poca cantidad de música, o ni siquiera la necesitan; otras, en cambio, sólo pueden edificarse si son acompañadas por mucha música. ¿Qué es lo que marca la diferencia?. Una de las razones es la predominancia de los diálogos. Aunque, como veremos, a veces conviene acompasarlos con música, en otras ocasiones –y el cine de Eric Rohmer es un buen ejemplo– diálogo y música se interfieren de modo incómodo. Además, en películas como *A Woman Under the Influence* (1974), de John Cassavetes, o *Interiors* (1978), de Woody Allen, los silencios son tan importantes como las palabras, y la música sin duda interferiría en esos silencios. En el lado

---

[44] LP «The Elephant Man» (Pacific Arts).

[45] Si se trata de música incidental, como ya vimos, pues la diegética es una música que se explica por sí misma.

opuesto, el cine de Federico Fellini, el de Akira Kurosawa o el de Luchino Visconti es muy visual, en el que la palabra es importante, pero la imagen lo es aún más. Sus escenografías y vestuarios tan vistosos contribuyen a un espectáculo en el que la música ayuda con creces. Eso no significa que directores como Buñuel, Bergman, Cassavetes no la hayan utilizado en uno u otro momento, porque sí han contado con ella, aunque sea mayoritariamente preexistente. *Viridiana* (1959), de Buñuel, por ejemplo, tiene algunas de sus secuencias acompañadas de música, y precisamente en un filme de Bergman, *Viskningar och rop* (1973), encontramos un sobresaliente empleo de música.[46]

Nada hay peor que una música innecesaria, y entre las virtudes de todo buen compositor debe estar el saber contenerse, porque en principio sería preferible que una escena esté sin música que la que tenga sea prescindible.[47] El insigne Jerry Fielding aseguró que «no hay necesidad de poner música en una película, salvo que se quiera subrayar, enfatizar o desenfatizar, dar mayor peso, embellecer o conseguir lo que el filme no puede hacer por sí mismo».[48] Pero a veces no puede evitarse, y casi siempre es por

---

[46] Este filme narra la historia de dos hermanas infelizmente casadas que cuidan a otra hermana, enferma. No hay música original, sino piezas de Mozart y de Bach de empleo diegético, de acompañamiento. La atención que las dos hermanas prestan sobre la enferma hace que, entre ellas, prácticamente no exista otro intercambio de palabras que el rutinario. Cuando la enferma fallece, una se aproxima a la otra y le suplica que la relación entre ambas vuelva a ser como era cuando niñas, que cese la incomunicación, que se vuelvan a abrazar, besar, explicar cosas, etc. Y lo pide tan insistentemente como persistente es el rechazo de la otra. Y eso se mantiene así hasta que la reticente rompe su barrera y se abraza a la otra, con intensidad. Ambas comienzan a besarse, acariciarse... y hablar lo que durante años han callado... ¡pero justo entonces no se oyen sus palabras!. En su lugar, lo que suena es música. Y es que poco importa lo que se digan... se lo dicen y eso es lo bello. Tampoco importa qué música suena en ese momento (una pieza de Bach a violoncelo). Lo que cuenta es que, en el momento más esencial... la música es la que ocupa el lugar de la palabra. Por tanto, en esta bellísima película sólo hay una escena con música incidental, pero con ella el filme ya tiene suficiente.

[47] Aunque eso ha sido objeto de controversia, como veremos en este mismo capítulo cuando abordemos el silencio musical.

[48] Karlin, F.: *Listen to the Movies* (Schirmer Books, 1994). P. 11

imposiciones externas. Bastantes de las películas del Hollywood de los 40 son un buen ejemplo, como explicó Hugo Friedhofer: «todos los grandes estudios tenían grandes orquestas bajo contrato y debían utilizarlas. Así que el compositor se veía forzado a escribir una música más amplia e intensa de lo que quería».[49]

La excesiva abundancia de música cuando no es necesaria perjudica la que sí lo es, por un efecto de saturación e incluso por la confusión que puede provocar, del mismo modo que una partitura excesivamente breve para una película que necesite mayor cantidad no no satisfará las necesidades del filme y lo haga menos aclaratorio. Hay ejemplos para todo: Patton (1970), de Franklin J. Schaffner – con música de Jerry Goldsmith– tiene muy poca música (poco más de 30 minutos para un filme de más de tres horas), pero la que hay está perfectamente justificada; en el extremo opuesto, la extensa saga iniciada en The Lord of the Rings: The Fellowship of the Ring (2001), de Peter Jackson, tiene abundante y adecuada música de Howard Shore.[50] En definitiva, hay que atender a las necesidades de cada filme para saber si necesita más o menos música o para valorar si se ha sido excesivo o parco. Una vez tomada la decisión, es hora de determinar qué y cuántos temas han de coexistir.

Estructura musical: La pirámide del poder

Una partitura cinematográfica se conforma, en principio, de temas o fragmentos musicales emplazados en distintas

---

[49] ibid. P. 75. Esta política de los estudios hollywoodienses supuso un verdadero tormento para muchos compositores, a quienes se obligaba a producir largas partituras.

[50] Hay géneros que necesitan cierta abundancia de música. El de aventuras, de acción, terror, el histórico... todo aquel que aproveche el énfasis que la música puede aportar. Un caso notorio es el cine de animación, por la diferencia existente con los filmes de imagen real, como la mayor velocidad en que transcurren las escenas y movimientos de los personajes, que acentúan la sensación de dinamismo. Eso implica que la música debe ajustarse al ritmo en que se desarrolla la acción, en tanto es el componente sonoro esencial en el que se apoya.

partes, con su construcción melódica o armónica, escrita con propósitos concretos y que cohabitan con sus repeticiones, variaciones o con otros temas y fragmentos diferentes. Si una partitura nace para cumplimentar la exigencias de la película, el tema musical atiende a las necesidades concretas: un personaje, una secuencia, una idea, cualquier elemento que pueda ser individualizado, aunque puede suceder que la opción sea la de hacerse cargo de todas, como en las bandas sonoras monotemáticas. Lo importante es entender la partitura como un todo englobador y el temario como su división en niveles jerárquicos, ya sea por su importancia cuantitativa (un tema más frecuente que otro) o dramática (cuando su uso es más necesario que los demás) por ambas o por cuestiones de poder.

Tomemos como ejemplo la banda sonora de la estupenda película de Milos Forman *One Flew Over the Cuckoo's Nest* (1975), ambientada en un psiquiátrico al que llega un recluso, Jack Nicholson, que se hace pasar por loco y que se enfrenta a la marcial y despótica jefa de enfermeras, Louise Fletcher, logrando que los pacientes le tomen como héroe. La música, de Jack Nitzsche, se conforma de 10 temas. De todos, el único que se repite es una bella melodía amerindia que abre y cierra el filme. Es, por tanto, cuantitativamente más importante. En este caso también lo es dramáticamente, porque se aplica como máxima representación del concepto de libertad (música amerindia del personaje amerindio que *libera* al protagonista dándole muerte). Pero no por ser más veces repetido es más importante, sino por tener mayor peso dramático. De hecho, si sólo se valorara la relevancia de un tema por el factor cuantitativo, deduciríamos que el resto de temas, que no se repiten, son iguales entre sí, y nada más lejos de la realidad. En este caso, hay un apacible vals que ocupa un segundo lugar en cuanto a importancia por ser el que presenta el contexto frío, cruel, en el que se desarrolla la rutina en el hospital. Se trata de un tema diegético que los pacientes escuchan porque la enfermera quiere que lo escuchen, es un vals apaciguado y simboliza el control y dominio que ella ejerce sobre sus enfermos. Ayuda muchísimo a comprender cuál es la situación del lugar y el poder del personaje femenino, al que se enfrentará el protagonista.[51] El resto de temas diegéticos aplicados en el hospital siguen la línea marcada por este vals.

Salvo que nos encontremos ante una sucesión continuada de temas, en la que ninguno de ellos prevalezca sobre los otros –por razones diversas como la preferencia por el desorden, el parcheo secuencial, la indefinición temaria, etc.-, o que la banda sonora sea monotemática, los temas que conforman una banda sonora se agrupan en ocho grandes categorías: tema inicial, tema final, tema principal, tema central, tema secundario, subtema y contratema, que en algunos casos pueden ser los mismos (es decir, un tema inicial ser también final y central, por ejemplo) o varios (más de un tema central o más de un tema secundario). Además de éstos, los temas pueden y suelen coexistir con motivos o fragmentos, derivados o independientes de aquellos.

Todas estas definiciones serían irrelevantes si fuesen meras definiciones. Pero cuando se aplica música en el cine los cometidos que puede satisfacer son muy diversos, en categoría y grado, de tal manera que coexistan sin problemas temas de enorme importancia dramática o argumental con otros que sean de utilidad circunstancial. Y para que todo el tejido musical que se utilice –en ocasiones complejo– esté bien entrelazado y pueda derivar en la mayor utilidad posible, es fundamental saber hacer una precisa coordinacion entre todos los temas.

Voy a desarrollarlos, pero antes lo esquematizo en el siguiente gráfico, que llamo *La pirámide del poder* porque

---

[51] Una explícita representación de lo que significa esta música es que es la causa de uno de los primeros enfrentamientos de Jack Nicholson con la enfermera, cuando le exige que quite esa música y ella se niega. La presencia del tema es, entonces, una diáfana representación del poder de la mujer.

establece las relaciones jerárquicas y de poder entre los distintos temas musicales de un filme.

LA PIRÁMIDE DEL PODER

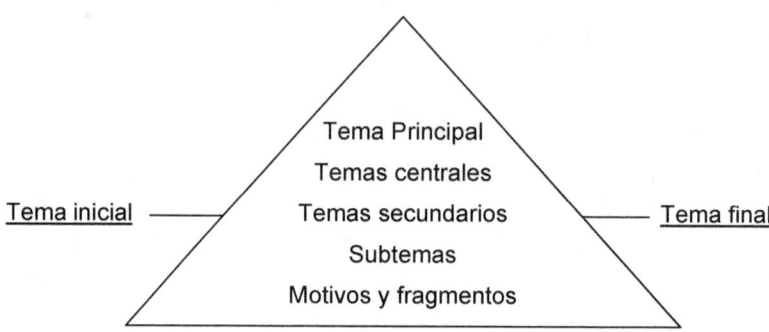

Tema inicial ———— Tema Principal / Temas centrales / Temas secundarios / Subtemas / Motivos y fragmentos ———— Tema final

Tema inicial y tema final

Tema inicial el que abre la película, pero no necesariamente el que primero suena. Se corresponde al que acompaña los títulos de crédito iniciales, por lo que si estos vienen precedidos de imágenes y música, esta música no sería, en principio, un tema inicial, salvo que comenzara antes de los créditos y se desarrollara en los mismos. En toda la serie de películas de James Bond, por ejemplo, nos encontramos con una primera secuencia acompañada de música que da luego paso a los créditos, donde se escucha el tema inicial en forma de canción. La música previa podría ser un tema central o un tema secundario, pero sólo sería inicial si durante los créditos se mantiene la misma música. Puede darse el caso de que una película no tenga tema inicial, si los créditos no llevan música o si no hay créditos al principio. Su importancia es primordial, pues ayuda a presentar la película al espectador. Esta "cortina sonora", en caso de existir, puede contribuir a definir estilísticamente no sólo el resto de músicas que van a escucharse sino también la película en sí, aunque en no pocas ocasiones sirva como mero punto de partida para un desarrollo posterior o, sencillamente, tenga sentido neutro. En muchas películas norteamericanas de los treinta y cuarenta se aprovechaban los créditos iniciales para hacer una presentación condensada del grueso de temas que iban a sonar.

Tema final es el que cierra la película, pero no necesariamente el último que suena. Se corresponde a la música que acompaña los créditos finales, por lo que si en estos no se inserta música, la última música que sonase (en una secuencia previa), no sería un tema final. Eso sí, el tema final puede comenzar antes de los créditos finales y desarrollarse en los mismos. Muchas películas acaban de este modo, con una última secuencia en la que se aplica una música que sigue sonando cuando la imagen se funde en negro y aparecen los créditos. Puede darse el caso de que una película no tenga tema final, si los créditos no llevan música o si no hay créditos finales. Su importancia es también primordial, pues es el que cierra la película y puede contribuir no sólo a dar al conjunto del filme coherencia estilística sino también resolver algunas cuestiones dramáticas. Naturalmente, en ocasiones tiene un sentido neutro.

El tema inicial y el final pueden ser diferentes, idénticos o una variación de lo mismo. Pueden también recopilar distintos temas que han sonado en la película. Si el tema inicial y el final son idénticos, lo que se produce es un efecto estético equilibrado. Se inicia el largometraje con una música y se despide con la misma. Además de elegante y simétrico, es una forma de *encerrar* un filme dentro de un mismo color musical, manteniendo la coherencia estilística, incluso cuando los temas que hayan sido insertados en la película nada tengan que ver con el inicial y final. Sucede así en *Sleuth* (1972), cuya partitura es de John Addison. La deliciosa música de los créditos iniciales –una melodía de aire circense– aventura que lo que encierra el filme es un gran juego, al que el compositor invita a participar. Y cuando este juego de trampas y crimenes perfectos se acaba, el compositor cierra la peculiar fiesta del mismo modo, aunque más brevemente.

Tema principal, tema central y tema secundario. El contratema

Tanto el tema principal como el central son los más importantes dramáticamente, mientras que el secundario no tiene la misma importancia, aunque sea más empleado cuantitativamente. La diferencia entre el principal y el central es que el primero sólo existe cuando hay más de un central y puede destacarse por encima de estos. Cuando, por el contrario, sólo existe un tema central, el central es en sí el principal. En otras palabras, el principal es el más importante de entre los centrales, pero también es central. Y un tema central puede no ser el principal en una película.

Tema principal sólo puede haber uno; temas centrales, algunos (hasta un número limitado, como veremos). Si un filme tuviera dos temas centrales, en plena igualdad, ninguno de ellos sería principal. Temas secundarios, puede haberlos en número sin otro límite que el que la película pueda acoger. Es lo que sucede en *Star Wars* (1977) y continuaciones. La banda sonora de John Williams se conforma de un tema principal (el llamado *Star Wars Theme*), que también es inicial y final, varios temas centrales (el de la princesa Leia, el del Imperio o el de Darth Vader, si bien este apareció a partir de la segunda película) y múltiples secundarios. A pesar de la enorme importancia de sus temas centrales, es indudable el predominio absoluto del que es el tema principal. El empleo de temas secundarios no está, insisto, limitado en cuanto a su cantidad: puede haber tantos como se quiera: para una fiesta, persecución de coches... para aquellas secuencias en las que se busque un aderezo, acompañamiento o ambientación. Y el motivo por el que pueden emplearse tantos es por su utilidad circunstancial: una vez aplicado, no se espera del espectador que lo retenga y, por tanto, será rápidamente superado por la siguiente música.[52]

---

[52] Por supuesto, puede volver a ser utilizada, pero en circunstancias idénticas o muy similares: otra fiesta, otra persecución... y su sentido sigue siendo ocasional. Lo que no sucede con los temas centrales, como veremos.

El tema o los temas centrales tienden a ampliar su campo de acción más allá de la secuencia en la que son escuchados. Un central suele existir para concretizar algo importante, de modo que tenga su referente musical. Y lo que puede concretizarse abarca desde un personaje, una idea o cualquier elemento que necesite ser resaltado sobre los demás. Por tanto, no es una cuestión de ayudar a una secuencia en concreto, sino a hacer más explicativo un concepto, para que eso pueda, en su caso, ser extendido y asimilado en otras partes. Si aplicamos un central sobre un personaje, ayudamos a definirlo y, a partir de esa primera definición, bastará con retomarlo para ir pautando su estado de ánimo y que el espectador lo comprenda.[53] Su importancia obliga a que su cantidad deba ser necesariamente limitado, porque de lo contrario se corre el riesgo de provocar confusión. El tema central, al ser expresivo, aporta información. Una película que tuviera diez temas centrales estaría manejando diez elementos distintos y, teniendo presente sus diferentes variaciones, haría virtualmente imposible asimilarlas todas. Por ello, raramente una película de duración normal tiene más de tres o cuatro temas centrales. Eso implica que en el momento de hacer los planteamientos previos, se tenga que elegir qué aspectos van a ser resaltados con temas centrales y cuáles han de ser obviados o relegados a secundarios. Imaginemos que en una versión del Evangelio de San Lucas, por ejemplo, se aplicaran trece temas centrales: uno para cada Apóstol y otro para Jesucristo. El resultado sería tan confuso y caótico que la música acabaría siendo un lastre para la comprensión de la película. Ni siquiera aunque durase quince horas y estuviese perfectamente explicada la música podría llegar a tanto. Se exigiría demasiada atención y eso no es operativo. Por el contrario, la lógica aconsejarían escribir dos, quizás tres temas centrales: uno para Jesucristo —el principal—, otros para Judas Iscariote, Pedro y Santiago... y nada para el resto. Una

---

[53] Un tema central que suene alegre, más adelante melancólico y luego trágico evidenciará un cambio emocional a peor de aquello sobre lo que se aplique.

selección natural. Su ventaja es que si el espectador comprende su intención, es más fácil hacer entendible la película, pues bastará con moldearlo para marcar determinados estados de ánimo o pautas informativas. Cuando aborde lo que es la música repercutida ampliaré las posibilidades de los temas centrales.

Un tema inicial no puede ser principal, por la sencilla razón que aún no se han establecido las jerarquías entre los temas. Eso sí, puede llegar a serlo a lo largo o al final del filme. Por el contrario, un tema final sí puede ser el principal porque la película ha acabado y ya se han establecido las cuotas de poder entre los temas.[54]

Como he indicado, un tema central existe para concretizar algo y varios centrales pueden coexitir. Que se encuentren en algún momento o que nunca lo hagan. Hay un supuesto singular y es el del contratema. En sí, es un tema central (puede también ser principal), pero lo que le diferencia del tipo analizado es que existe única y exclusivamente por la presencia de otro tema central, y una de sus funciones es contradecirlo. Por tanto, sólo puede darse un contratema si existe otro central al que enfrentarse. El contratema es más que un tema central al uso. Una película puede tener tres o cuatro centrales que se justifiquen porque haya tres o cuatro personajes que se definan con ellos, por ejemplo. Cuando se aplica un contratema, este existe para cumplimentar unas necesidades propias pero sobre todo para contradecir a otro central existente. Y si no existe pugna entre un tema central y el contratema, entonces no hay contratema: sólo es otro tema central. Su principal finalidad es la de trasladar a la música una lucha o conflicto que se desarrolla en pantalla, magnificándolo: el bien contra el mal, la amistad contra la enemistad, el amor contra el odio, la vida contra la muerte.... conceptos antagónicos que tantas veces se dan en los

---

[54] ¿Cómo podríamos, sino, calificar de protagonista a un personaje de un filme cuando éste no ha comenzado aún?. En el desarrollo de la película los temas musicales, como los intérpretes, van ocupando las cuotas de poder que les corresponden.

argumentos. Su recurso sirve para que el espectador no sólo vea un conflicto determinado, sino que también lo perciba musicalmente, lo que lo engrandece. Y es misión del compositor que se comprenda que el enfrentamiento argumental también existe en la música, cuando emplee un contratema.

El contratema no necesita unirse al tema al que se enfrenta: su sola presencia ya lo enriquece, porque un tema central que exprese, por ejemplo, nobleza resultará más noble aún si es enfrentado a otro tema que refleje villanía. En *The Magnificent Seven* (1960), Elmer Bernstein escribió una fanfarria dedicada a los siete protagonistas, que luchan por salvar a un pueblo mexicano de la opresión de un grupo de pistoleros. Esa melodía, festiva, alegre y vital representó los conceptos positivos del bien, la amistad, la vida... con su presencia, el espectador comprendía los valores que encarnaban los personajes. Pero frente a ese tema, insertó un contratema, que aplicó en la figura de los villanos y que era absolutamente opuesto al anterior: construido en forma de marcha con ritmo sincopado, constante reiteración de ocho notas graves que incidían en el carácter violento de los bandoleros y que encarnó el lado opuesto de aquellos valores (el mal, el odio, la muerte....). En cuanto esta música hacía acto de presencia, el espectador ya comprendía la fatalidad de esos malvados. El que Bernstein empleara un tema y un contratema (ambos utilizados con frecuencia) ayudó a que el gran duelo que tendría lugar al final ya existiera desde el principio: los héroes y los villanos no se encuentran hasta la última escena, pero el hecho de que la música se enfrentase antes contribuyó a que los espectadores percibieran esa lucha previamente a que tuviera lugar, con el resultado tan positivo en la creación anticipada de la tensión. Para lograrlo, pues, era necesario que tema y contratema fueran radicalmente opuestos y que tuvieran similar importancia en la película. De no ser así, no tendría efecto alguno.

Un segundo ejemplo lo hallamos en la saga iniciada en *Star Wars*, aunque el contratema sólo aparece a partir de *The*

Empire Strikes Back (1980). John Williams había escrito la famosa fanfarria que sería el tema principal: como en *The Magnificent Seven*, es una melodía imponente que trasmite valores positivos (de nuevo, el bien, la amistad, la vida...). Para *The Empire Strikes Back*, dada la importancia que había adquirido el siniestro personaje de Darth Vader, compuso un tema que le identificaba, dándole el empleo de contratema en oposición a la fanfarria: música grave, también sincopada, que expresaba todo lo contrario (el mal, el odio, la muerte...). También hay contratema en la trilogía iniciada en *The Lord of the Rings: The Fellowship of the Ring*, con música de Howard Shore y, más sutilmente, en *La Comunidad* (2000), película de Álex de la Iglesia con partitura de Roque Baños, donde el enfrentamiento entre Carmen Maura y los siniestros habitantes del edificio también se refleja con esa fórmula. En estos ejemplos se parte de una igualdad entre tema y contratema. Puede mantenerse así durante el metraje o que el contratema sea finalmente vencido. Pero hay otras opciones, como la de que el contratema sea, a priori, tan poderoso que no sólo aparente mayor poder que el tema al que se enfrenta, sino que, en sí mismo, llegue a ser el tema principal: es lo que ocurre en *The Omen*, inicio de una trilogía en la que Jerry Goldsmith, de todos modos, también lo hizo morir. Asimismo, puede suceder que un tema central adquiera la condición de contratema en el desarrollo del metraje, pero no de buen principio. Es decir, que el filme presente sus temas centrales y uno de ellos cambie en algún punto para pasar a ser contratema. Aunque géneros como el del cine épico, de aventuras o de terror sean más propensos a utilizar contratemas, es un recurso óptimo para cualquier tipo de película: basta con que dos personajes –o un personaje y una situación– representen algo opuesto como para que la música pueda jugar las dos bazas. El objetivo, insisto, es magnificar un conflicto, pero también remarcar una diferencia. En *La vita è bella* (1998), la música de Nicola Piovani para este filme de Roberto Benigni gira en torno a dos temas centrales: uno alegre y otro romántico que expresan la vitalidad del protagonista y el amor por su mujer. En el filme, dividido en dos grandes partes (una cómica y otra trágica, en el campo de concentración), aparece un contratema –que representa el horror nazi– que se presenta en la primera mitad a modo de aviso, y que se desarrolla en la segunda parte, con mayor fuerza, aunque es combatido y finalmente vencido por los dos temas *positivos*, que además le sobreviven.[55] En el filme de Steven Spielberg *Catch Me if You Can* (2002), hay un tema principal –el del protagonista, jovial y desenfadado– y dos centrales en la música de Williams (el de la persecución y el del padre), y ambos funcionan como contratemas del principal, si bien más abiertamente en el caso del tema de la persecución, que también *persigue* al principal durante el metraje, en tanto que el del padre –nostálgico y apagado– se contrapone emocionalmente.

Subtema

Un subtema representa la sumisión de un tema (central o secundario) a otro (también central o secundario), de su inserción en el seno del otro, que es el dominante. Cuando un tema incluye la música de otro, siempre y cuando este tema incluido tenga una posición servil, no protagónica, respecto al anfitrión. Si por ejemplo en un tema principal (A) se incorpora un fragmento de uno central (B), éste queda supeditado al principal (Ab). ¿Qué utilidad tiene?: son varias, pero la más importante es que el tema supeditado sirva de referencia. En el cine es algo muy recurrido. En este caso (B) funcionaría como subtema de (A), pero no como tema individual. Las posibilidades son diversas: si un tema secundario (c) se supedita como subtema con respecto a uno central (B), el efecto (Bc) hace que el central absorba para sí al secundario y le dé mayor relevancia, ya sea argumental, dramática o

---

[55] En este filme la música tiene importancia absoluta. No sólo la música *positiva* sobrevive al contratema –que en la segunda parte ocupa la mayor cuota del poder– sino que también a su personaje. Es decir, el protagonista sucumbe ante los nazis, que le matan, pero su música –y lo que representa– no: cuando el hijo sale de su escondite y se encuentra con un tanque, el tema principal *revive* con todo su esplendor. Una hermosa concesión poética y metafórica del director y el compositor.

emotiva, pero raramente intelectual, porque el tema central mantiene su posición de dominio. En cambio, a la inversa (supuesto Cb), la inserción de un fragmento del central se utiliza como referencia emocional o intelectual. Si un tema central deambula a lo largo del filme incorporando fragmentos de uno o más temas secundarios, lo que se produce es un *crecimiento* del propio tema central, directamente relacionado con el devenir del argumento. Por tanto, básicamente las razones para recurrir a la fórmula del subtema son las referenciales y las de dominio de poder. La unión de dos temas no convierte necesariamente a uno en subtema de otro, ya que ambos pueden cohabitar en plano de absoluta igualdad. Dos temas se pueden unir con algún propósito concreto: la unión en pantalla de los dos personajes sobre los que se ha aplicado los dos temas, por ejemplo. En *Sunset Boulevard*, tanto William Holden como Gloria Swanson tienen sus propios temas centrales. Ambos temas gozan de su propio espacio en diversos pasajes, pero en otros se unen, precisamente cuando los dos personajes lo hacen también.[56] Estas uniones entre temas, en plano igualitario, entrelazan con solidez la música y la película.

Motivos y fragmentos: el leit-motif

La música no sólo está constituida en base a una sucesión de temas, ya que con estos suelen coexistir los motivos y fragmentos, breves piezas que por lo general duran pocos segundos. Son anotaciones insertadas en distintos momentos para puntualizaciones determinadas: un sonido de flauta, unos acordes de guitarra, unos trémolos de piano o un golpe de efecto orquestal. Satisfacen necesidades concretas, como por ejemplo remarcar una impresión o sensación, dar mayor virulencia a un trueno, facilitar un tránsito entre secuencias, etc. Es fácil localizarlos, ya que su uso es frecuente. Con

---

[56] Si uno de los temas centrales se supeditase como subtema al otro, en cierta manera se estaría dando a entender que un personaje se impone a otro. Ocurre en la película, cuando Holden abandona a Gloria Swanson, pero hasta ese momento ambos temas habían cohabitado en plano igualitario en algunas secuencias.

apenas unas notas, sin mayor desarrollo, puede lograrse que el espectador perciba la inquietud que provoca un lugar o personaje, la felicidad de un estado de ánimo o la calma de un paisaje. Tanto pueden ser independientes de los temas aplicados en un filme como provenir de uno existente o ser presentados como motivo o fragmento para luego ser desarrollados como tema. Si son independientes, su presencia es circunstancial, sin otra función que resoluciones concretas. Pero si son derivados o derivantes sirven para entrelazar una misma música a lo largo del filme, construirla o deconstruirla. Hay que tener presente que un tema puede ser repetido, idénticamente o con variaciones, pero también fragmentado. Depende de las necesidades explicativas. Hay películas que se sustentan en el empleo de un tema principal y de numerosos fragmentos o motivos, dependientes o independientes del mismo. El que un motivo o fragmento sea independiente (es decir, que ni provenga ni derive en un tema) no implica que no esté vinculado al resto de músicas. En *Jaws*, por ejemplo, hay fragmentos que ni provienen de temas ni derivan en ellos, pero que guardan similitudes estéticas.

El motivo más importante es el llamado leit-motif, introducido en el cine por Max Steiner. Se trata de una referencia que tanto puede ser independiente, derivada o derivante, y que se relaciona con algo concreto y exclusivo. Es decir, que la definición que hace es inamovible e incambiable. Cumple con las funciones de la música necesaria al establecer una conexión intelectual. La película *King Kong* (1933) es uno de los primeros títulos que hicieron uso del leit-motif: ocho notas vibrantes e intensas, aplicadas en la figura de la bestia, de tal modo que, cada vez que sonaban, la música hacía explícita referencia a King Kong. ¿La utilidad?: que no fuera necesario mostrar siempre al monstruo en pantalla. Con su leit-motif, King Kong estaba presente, aunque no fuera físicamente. Al ser exclusivista, si se aplica a algo sólo podrá referirse a ese algo en lo sucesivo. Si en *King Kong*, por ejemplo, se pretendiese que ese motivo atendiese otros asuntos, se provocaría confusión, porque se perdería la referencia. No es necesario aplicarlo cada vez que aparece en pantalla aquello a lo que se refiere, pero sí que la referencia aparece, aunque no sea visualmente, cuando se aplica el motivo. Es decir: no porque King Kong salga en pantalla debe sonar el leit-motif, pero cuando suena el leit-motif, King Kong sale en pantalla, siquiera como referencia.

Su empleo fue frecuente durante décadas por su utilidad explicativa. Hanns Eisler lo justificó: «*mientras su fuerza evocadora proporciona al espectador sólidas directivas, facilita al mismo tiempo la labor del compositor en medio de la apresurada producción: se limita a citar en donde, en otro caso, debería inventar*».[57] Y Chion alaba su funcionalidad: «*El leit-motif asegura al tejido musical una especie de elasticidad, de fluidez deslizante (...) Cuando se renuncia a este uso en mayor o menor medida, no resulta nada fácil encontrar otra regla de juego*».[58] Puede ser repetido cuantas veces se considere necesario o cuantas veces sirva para el propósito por el que ha sido creado.[59] Uno de los ejemplos más célebres es el de *Laura* (1944), donde la hermosa partitura de David Raksin se apoya en el leit-motif de Laura, con la finalidad de que sirva de permanente referencia, tanto romática como de cierto enigma. Se emplea diegética e incidentalmente y es usado unas treinta veces, con otras melodías. Tal abundancia corresponde a las numerosas veces que el personaje es recordado o evocado por los personajes. Otro de los títulos pioneros en su uso fue *The Bride of Frankenstein* (1934), con música de Franz Waxman, en la que el compositor expresó el caos por la combinación de belleza y el frenético tenebrismo, logrando una sensación de decadencia y terror. Aplicó cuatro notas dedicadas al monstruo de Frankenstein, basadas en su gruñido, tres notas

---

[57] Adorno, T. y Eisler, H.. Op.cit. Pág. 18

[58] Chion, M.: Op. cit. Pág. 220

[59] Algunas veces, eso sí, se ha exagerado en su empleo. El terrorífico leit-motif de *Creature from the Black Lagoon* (1954), de Jack Arnold, se llega a repetir hasta 150 veces. Una decisión tomada probablemente por imposición de la Universal.

altisonantes y exóticas destinadas a la novia que permitían la confección de una melodía abierta que se utilizaba de muchas formas, y acompañó al doctor Frankenstein con un tema deliberadamente grotesco y alocado. En la combinación de estos tres aspectos y en una música vanguardista, logró un hito.

Como referencia musical exclusiva y precisa, tiene un uso que siempre ha de ser cierto: no se puede utilizar como engaño, ya que, superado este, el espectador no volverá a creer en él y provocaría confusión. Si en *Jaws* el leit-motif del escualo (impecablemente empleado) se utilizase para despistar en la secuencia del falso tiburón (cuando unos niños aterrorizan a los bañistas jugando con una aleta de plástico), entonces a partir de ese momento no tendría efecto, ya que se dudaría de su verosimilitud. Por el contrario, Williams fue honesto en su uso: en la escena del falso tiburón no hay nota alguna de música, y menos del leit-motif.[60] Su gran ventaja narrativa es su inmediatez, ya que su presencia no está limitada por el lógico desarrollo de un tema musical. Si *Jaws* se sustenta en un leit-motif es por motivos prácticos: sería inviable referenciarlo con un tema que necesitaría de un tiempo del que la película no dispone: el escualo se mueve rápido y su música debe ser también fulminante. Esto es más que razonable, pero ¿puede ser utilizado más allá de la referencia física?. En este caso, no. Al menos si se sigue empleando individualmente su uso advertirá de la presencia del animal, pero muy difícilmente puede generar otro terror que el susto. La solución que se le dio a este problema, y que suele ser la más recurrida, es insertarlo en una serie de temas secundarios, que lo alojan para darle un mayor vigor, sin que por ello se convierta en tema.[61]

---

[60] Se sacrificó un momento de tensión en beneficio del resto del filme. Además, justo acabada la secuencia, irrumpe el verdadero tiburón, suena el leit-motif y el terror regresa a la película.

[61] Hay un momento en el que sí se desarrolla como tema, cuando se enfrenta en igualdad de condiciones al tema de los pescadores (la escena en la que le disparan barriles), convirtiéndose en contratema. Acabada la lucha, vuelve a ser

La música repetida, variada y repercutida

Que un tema evolucione sin repetirse responde a los preceptos de música variada o música repercutida. Una música es repetida cuando suena igual en distintas partes del filme; variada si se trata del mismo tema, pero con arreglos y diferencias que, en todo caso, no comporten una diferenciación de su sentido dramático o argumental; y repercutida si sus cambios se ajustan a la evolución del argumento o de los personajes, marcando pautas distintas. Un tema que aparece sin variaciones no es música repercutida, sino repetida, pues mantiene una postura estática, no necesariamente ajena a los acontecimientos narrados pero que, en todo caso, no se implica en ellos. Puede resultar útil para mantener una misma sensación, sin involucrarse en los cambios, pero en estos casos sus modulaciones –al ser inexistentes– no producen los quiebros o giros sí logrados con la música repercutida. Así, el tema principal de *The Third Man* (1949), de Antón Karas, se repite sin alteraciones, a pesar de los cambios argumentales, pero con esas repeticiones la música reafirma una sola impresión, estática. En *Basic Instinct* (1992), Jerry Goldsmith escribió un cálido y sensual tema para el personaje de Sharon Stone, con el que combinaba erotismo y misterio. Como la impresión a transmitir es única, la música no es repercutida, sencillamente repetida. Tampoco podría ser considerada música repercutida la fanfarria principal de la saga de *Star Wars* y sí, en cambio, otros de sus temas centrales que se repercuten durante la acción.

Puede suceder que un tema sí conozca variaciones, pero es importante señalar que si lo único que hacen es dar un tono musical diferente, sin afectar el carácter estático del tema, nunca será música repercutida, sino meramente variada. La música variada, como la repetida, reafirma una sola impresión fija, con la diferencia de que no se recurre a lo mismo, sino a distintas versiones de lo mismo, para dar cierta

motivo y no tema.

heterogeneidad dentro de una pretendida homogeneidad. Es lo que sucede en la saga de James Bond: las variaciones del tema principal tienen la misma finalidad y sentido, sin que hayan distinciones dramáticas entre las versiones del tema.

Muchas películas conforman un tejido de música repercutida sólido, como en *Amarcord* (1973), uno de los filmes más emblemáticos de Federico Fellini y del compositor Nino Rota. Aquí, el tono nostálgico y evocador del tema principal conoce diversas repercusiones, una de ellas especialmente triste cuando es interpretada por un acordeonista ciego, en uno de los momentos más patéticos y bellos de la película. *Young Frankenstein* es también una impecable muestra de música repercutida, al igual que *Psycho*, cuyo tema inicial (que sería también el principal) acompasó de forma intensa los cortantes créditos. Una música rápida y vibrante que además sirvió de advertencia al espectador, como enseguida veremos. Si se visiona el filme, se observará la parsimonia con que evolucionan las primeras secuencias. En estas, la música es aparentemente sosegada y letárgica, aunque escuchada en detalle resulte sumamente opresiva. Cuando Marion Crane roba una buena cantidad de dinero y huye en su automóvil hacia un futuro incierto, se recupera el tema inicial, repercutido de forma frenética. En ese momento, el espectador sabe que algo terrible ha de suceder.[62] En *Psycho*, por tanto, la música se repercute de la siguiente manera:

Créditos ⟶ Primeras secuencias ⟶ Huida en coche (12')

Tema A ⟶ Temas secundarios ⟶ *Tema A1*

---

[62] En el documental *Bernard Herrmann: Music for the Movies*, Herrmann comenta que en esa secuencia lo que se ve es a una mujer conduciendo un coche como si fuera al supermercado, y que Hitchcock le dijo que incorporaría voces que expresasen su pensamiento en ese instante. Herrmann le contestó que le parecía buena idea, pero que eso no la hacía inquietante, por lo que sugirió reincorporar el tema de los créditos para avisar al público que el momento culminante estaba a punto de llegar.

donde **A1** es más frenético que **A** y no se trata de una mera variación, ya que su cambio está justificado y es explicativo. Luego volverá a ser repercutido antes de llegar a la famosa secuencia de la ducha.

La música repercutida dinamiza un tema, lo transforma, lo modula y le hace cambiar: pero estos cambios deben ser parejos a los del propio filme o personajes, a quienes también transforma. Es decir, que debe estar justificada, tener un sentido concreto al que responder. Esto es lo que la diferencia de la música repetida y la variada, que pueden insertarse al margen de la evolución de la película y no necesariamente provocan cambios. La repercusión es a veces tan importante que exige que no haya otra música que interfiera en el proceso, un *terreno despejado* con el que se sacrifican momentos melódicos para beneficiar la repercusión. Es lo que sucede en la banda sonora de Maurice Jarre para *A Passage to India* (1984), de David Lean. El filme arranca con un tema inicial solemne y enfático, que emula a la vez la fascinación por lo exótico –la India– y el poder y pomposidad de los colonizadores británicos. Este tema genérico se encauzará en un hábil tránsito que le llevará a ser la expresión de las turbulencias mentales y emocionales de la protagonista, de modo que acabe expresando su inestabilidad y no habrá marcha atrás: en el resto del metraje, esa música estará hablando sólo de ella. En este caso concreto –y por el riesgo asumido– ninguna otra música podía interferir en el proceso y por ello Jarre escribió una partitura tan breve.[63]

---

[63] Este es el proceso: en los créditos suena el tema inicial, que reaparece cuando Adela, la protagonista, encuentra un templo abandonado con estatuas eróticas. Esta escena supone una inflexión argumental y musical: Adela experimentará sensaciones turbulentas que derivarán en una tragedia nacional (por su culpa, la India se levantará). Sirve para reintroducir el tema, repercutido con voces femeninas con un cariz de fascinación truecado por cierto tono sensual, entre erótico y lascivo, aplicado de modo directo en Adela y pierde así su carácter genérico. Desde ese momento, sus reapariciones harán directa referencia a su estado mental. Cuando Adela no puede conciliar el sueño el tema vuelve a ser repercutido incidiendo en el impacto de su experiencia en el templo, indicando que su mente aúna excitación e inestabilidad. La música está tan orientada a reflejar su evolución psicológica que cualquier otra –salvo la diegética– distraería la atención y menguaría su eficacia. En el instante en que emprende el tramo final para llegar

Pero naturalmente en otras ocasiones sí puede compartir espacio con otras músicas. En *C'era una volta il west* (1968), de Sergio Leone, Ennio Morricone estableció una estructura musical perfecta y una interrelación entre los temas con los que los personajes ganaban o perdían cuotas de poder: Trabajó con un tema principal (el de Claudia Cardinale), dos centrales (el de Jason Robards y uno compartido por Henry Fonda y Charles Bronson) y algunos secundarios. La llegada de Jill (Claudia Cardinale) marca la aparición de su tema, que será el principal porque ella es la figura sobre la que gira el argumento, por ser el más utilizado, porque simbolizará la esperanza por un futuro mejor en un entorno de violencia y muerte y porque es el único tema que no muere en la banda sonora. Pero muy especialmente por su efecto expansivo, en tanto que el resto se limitan a los personajes que los tienen atribuidos. Es una melodía dulce con la voz soprano de Dell'Orso y, en su aplicación a Jill, desvela su bondad, pero también su soledad, en una emulación del carácter quasi-religioso del personaje. Su música la aisla del entorno violento, pero también se expande por donde ella pasa. Acompaña la belleza del desierto y conquista a los demás personajes, cuyas músicas desaparecen ante su presencia. Y en la última secuencia, con la llegada del tren a la casa de Jill, que simboliza el final del pasado y el inicio de una nueva era, el tema irrumpe en su máximo esplendor y evidencia, una vez más, que ella representa ese futuro de armonía, y también que su tema se extiende hacia la nueva sociedad, con prestancia y belleza. Todo ello, con música que se repite, varía o repercute, dependiendo de los casos. Cheyenne (Jason Robards) tiene

---

a las cuevas, vuelve a aplicarse remarcando la relación entre su turbación con la llegada al lugar donde se va a producir la catársis. Por tanto, la música está conduciendo al personaje al punto de origen del drama. Si se hubiese insertado música anteriormente, la dispersidad hubiese alterado la percepción global. Volverá a ser empleado cuando Adela es llamada a declarar en juicio: la inserción de un nuevo fragmento repercutido evidencia su confusión mental y plasma su miedo a enfrentarse a la verdad. Resuelto el drama, sí hay espacio para otra música, que puede campar a sus anchas porque no interfiere en la evolución del tema principal.

su tema, con banjo, aplicado con precisión y que se transforma en función de la confianza que genere el personaje, en una única repercusión: así, mientras no se conocen sus intenciones, suena sombrío; pero cuando ya es un aliado de Jill, se torna jocoso y desenfadado, emulando el galopar de un caballo. Sirve también para propósitos humorísticos y Morricone lo emplea con brillante habilidad para señalar su muerte, con unas notas del tema que indican el momento exacto del fallecimiento.

Frank (Henry Fonda) y Armónica (Charles Bronson) comparten un tema que se escucha completo o fragmentado, dependidendo de las circunstancias (la música que toca Armónica con su instrumento es un fragmento del tema central de ambos personajes). Aparece por vez primera con Armónica, pero fragmentado, y completo cuando Frank irrumpe tras haber asesinado a la familia McBain, con un tono agresivo pero también épico gracias a la inserción de coros. Es el primer momento en el que la música se presta al propósito de sacralizar o ritualizar la muerte, lo que será una característica en el resto de la película. El significado de ese tema y el por qué lo comparten dos personajes antagónicos se irá desvelando a lo largo del filme y se aclarará al final. Es una música que vincula a Armónica y Frank por un acontecimiento pasado, una melodía que tanto puede significar venganza como recuerdo, porque no es un tema para un personaje, sino para una idea, una obsesión: Armónica busca a Frank para ajustar cuentas y ese tema les une, por lo que será escuchado en los dos personajes, hasta la resolución del conflicto. El duelo entre ambos se acompaña con una repercusión de su tema con carácter ritual, ceremonioso, y presencia de coros. Hay en juego algo más que una vida, ya que se ha de resolver –y explicar– cuáles son las intenciones reales de Armónica: ese era un instrumento de Frank, quien con extrema crueldad regaló a Armónica cuando este era adolescente mientras mataba a su hermano. Por tanto, hay una deliberada conexión del presente con el pasado y del pasado con el presente. La música que se aplicó en la traumática vivencia de Armónica es la misma que suena cuando se enfrenta al verdugo de su hermano. Esto explica que Armónica llevase siempre ese instrumento y lo tocase, pues tocaba el instrumento de Frank. Y cuando este, agonizante, le pregunta quién es, se limita a devolvérselo y colocárselo en la boca para que sea él quien lo haga sonar antes de morir. Cuando Frank muere, la música –el tema que les había unido– muere también y no volverá a aparecer en las siguientes apariciones de Armónica. Así, pues, los temas –exceptuando el de Jill– han acabado muriendo con sus personajes. Todos crecen y evolucionan (ya sean variados o repercutidos) conforme a los personajes, y se extienden o concluyen de modo coherente. De hecho, en este filme, la música es un elemento que motiva a los personajes. La propia armónica es un instrumento que el personaje de Charles Bronson guarda para dársela a su verdadero propietario, una vez le dé muerte. La música, pues, es argumentalmente fundamental. Pocas veces la música de un western ha sido tan significativa y ha dado tanto de sí y ello, entre otras cosas, gracias a la aplicación de la música repetida, variada y repercutida.

El silencio musical

Otra opción es el silencio musical, que no hace referencia a las partes donde no se inserta música por no ser útil o necesaria, sino a su ausencia de en aquellas partes donde, a priori, parece necesaria o el espectador la espera. No debe ser entendido en el sentido que la partitura no juegue papel alguno, sino que su ausencia sea determinante como para considerar que el compositor ha tenido algo que ver. Aaron Copland explicó que «*personalmente, prefiero hacer uso del poder de la música muy espaciado, sólo para los momentos más esenciales. Un compositor sabe cuándo emplear los silencios, y que no poner música a veces resulta más efectivo que ponerla*»,[64] en tanto que Nino Rota aseguró

---

[64] Thomas, T.: Op. cit. P. 77

que «*creo que es mejor que un filme tenga una música mediocre que no que no tenga música. El silencio musical deja insatisfecho al espectador*».[65] En cualquier caso, siendo ambas opciones legítimas, lo cierto es que la falta de música en una secuencia puede hacerla más impactante, bien porque se busque un contraste con la inmediatamente anterior o posterior, en la que la música se ha oído o se va a oir, o bien porque sin ella se pueda dejar un tanto atónito al espectador, acostumbrado a escucharla en ese tipo de escenas. Uno de los ejemplos más conocidos es la persecución de una avioneta fumigadora sobre Cary Grant en *North By Northwest* (1959), fragmento que al quedar huérfano de partitura quintuplicó su efectividad y volvió a hacer lo mismo en la secuencia del asesinato en la cocina de *Torn Courtain* (1966). Otro caso notable es *Jaws*. Como he explicado, la película se sustenta en el uso del leit-motif del escualo, que se aplica de modo honesto para avisar al espectador de su presencia. En una secuencia, los tres hombres que lo intentan localizar echan carnaza en el mar con la esperanza de que el tiburón de señales de vida. Súbitamente, y sin que la música lo avise, aparece el enorme animal y asusta tanto a los protagonistas como a los espectadores. Inmediatamente después –pero después– reaparece la música. El efecto es impactante, porque coge al espectador desprevenido. Williams lo explicó: «*ahora sabemos que el tiburón está ahí, pero no lo hemos avisado con música. Osea, que su ataque surge del silencio. Como esperas oir la música y no la oyes, cuando llega el tiburón resulta incluso más aterrador*».[66] Un compositor, pues, debe saber manejar las posibilidades que ofrece la ausencia de música.

---

[65] Latorre, J.M.: *Nino Rota, la imagen de la música* (Montesinos, 1989). P. 261.

[66] Comentarios del compositor en el *making of* de la película, incluido en la edición en DVD del filme.

IV. Niveles de la Música

Además de determinar la distribución temaria, es necesario concretizar en qué niveles ha de aplicarse la música. Son cuatro: el sonoro, el argumental, el espacial y el dramático, y se refieren no a una ubicación secuencial (es decir, en qué parte la aplicamos) sino a una concrección que posibilite categorizar la película en distintos grados.

Nivel sonoro

Uno de los debates más frecuentes en torno a la música en el cine es si esta debe ser o no escuchada en una película, si ha de tener una presencia notoria o si, por el contrario, *la mejor música es la que no se escucha*. Al respecto ha habido una completa división de opiniones, pero ambos supuestos no sólo son perfectamente válidos, sino que también son compatibles. En la alternativa entre la que la música sea escuchada o sólo sea oida, lo único que parece firme es que, como mínimo, debe ser oida pues, de lo contrario, sería poco útil y suprimible.[67] Hay películas que necesitan que la música sea escuchada: es el caso de los filmes de dibujos animados o los de aventuras, del mismo modo que suenan fuertes los temas principales de *Gone with the Wind* (1939), de *Jules et Jim* (1961), o el inicial de *Il gatopardo* (1963), por la sencilla razón de que las músicas de Max Steiner, Georges Delerue y Nino Rota, respectivamente, tienen una presencia determinante y su escucha es un imperativo. En el lado opuesto, hay ocasiones en las que ocupa una posición de retaguardia, no destacada sonoramente, siendo oída pero no escuchada. Aparenta no cumplir función alguna pero, no

---

[67] Una música que ni tan sólo sea oída no tendría otro sentido que el del mero relleno sonoro y podría complementar los efectos de ruidos pero, en sí misma, carecería de especial valor.

obstante, es también un elemento imprescindible. Se aplica en registro sonoro bajo, a veces imperceptible, generalmente con la pretensión de dirigirse al inconsciente del espectador, ofreciéndole un conjunto de sensaciones que le ayudarán a involucrarse en la historia, conocer el lado oscuro de un personaje o cualquier otra información. El mérito, entonces, reside en el hecho de que, sin que sea notada, enriquezca el filme. Sucede en *The Sixth Sense* (1999), de M. Night Shyamalan con partitura de James Newton Howard y en tantas otras en las que la música deambula *subterráneamente*, sin ser percibida de modo evidente. Puede darse el caso, por supuesto, de que una música discurra en un nivel alto, pero también los ruidos, efectos sonoros ambientales, etc, de modo que estos *ahoguen* la música. Lo que aquí estoy abordando es cuando, sonoramente, la música está realzada o subyugada en relación con el resto de elementos sonoros. De todos modos, lo normal es que una banda sonora conozca diversos niveles sonoros, y sucede así porque son distintas las funciones que cumple una banda sonora, lo que no significa que una música en registro bajo sea menos importante que la que suena alta, pero sí que ésta es empleada con fines enfáticos. Lo que es obvio es que una música en nivel alto permite efectuar más manipulaciones que no la que tenga un registro bajo. Por ejemplo, para su repercusión: será más facil repercutir una música escuchada que otra que no lo es. Por su parte, una música en nivel bajo facilita resolver no pocos problemas cinematográficos, como el acompañamiento de los diálogos, que veremos más adelante. Lo cierto es que tanto la música en nivel sonoro alto como en el bajo deben estar específicamente ubicadas en sus lugares necesarios: nada hay peor que una música que suene innecesariamente alta u otra que tenga una sonoridad insuficiente, puesto que deja insatisfecha la secuencia.

Su alternancia permite potenciar temas o fragmentos, al realzarlos y conexionarlos. Es algo apreciable en *Psycho*:[68]

---

[68] El siguiente esquema no se corresponde exactamente a la realidad de la película, ya que el tema principal de la banda sonora es repercutido en otras

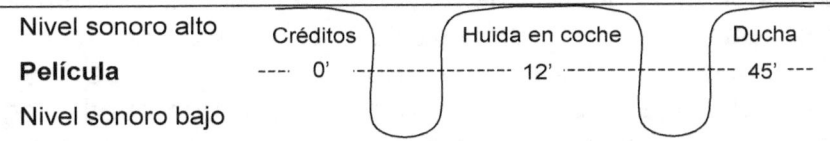

En *Psicosis* se aplica música en nivel sonoro alto en escenas importantes, en tanto que en otras el nivel baja. Eso se debe a dos motivos: en primer lugar, y es obvio, enfatizar la música de los momentos climáticos y reforzarlos; en segundo lugar, *zurzir* la película, en este caso con un mismo color o tonalidad. Si por no ser tan importante sonoramente se decidiese suprimir la música de los intervalos entre las secuencias climáticas, estas adolecerían de fuerza, pues hay una deliberada intención de continuidad. Esta alternancia de los niveles sonoros puede ser aplicada también en el seno de una sola secuencia, en la que se pretenda enfatizar una parte de ella con respecto a la otra. Como en el caso de *Psicosis*, si sólo se inserta música en el fragmento donde se desea que la melodía sea oída y escuchada, tendrá un efecto distinto a si ese instante viene precedido de otro en el que la música haya deambulado a un nivel sonoro bajo. La diferencia entre una y otra opción es importante:

Opción 1:

> *Música:*
> *Secuencia:*

Opción 2:

> *Secuencia:*
> *Música:*

En ambas opciones, perfectamente operativas, se prioriza una parte de la secuencia sobre la otra, pero la diferencia radica en que en la segunda opción se engloba la totalidad de la secuencia, dándole unidad, y el tránsito entre los niveles sonoros remarca más una parte, de modo sutil. En la primera opción, en cambio, la música sólo tiene en

---

ocasiones, que aquí no indicamos. Este esquema es sencillamente indicativo.

consideración un fragmento de la secuencia, e irrumpe, ya sea pausada o bruscamente, de modo no esperado. Reiterando la validez de las dos opciones, vamos a ver un impecable ejemplo de la segunda y de lo que puede llegar a lograrse con el tránsito entre niveles sonoros dentro de una escena. En *Malèna* (2000), de Giuseppe Tornatore y con música de Ennio Morricone, se suceden, en diferentes momentos, dos secuencias similares, pero con tratamiento musical distinto. En la primera vemos a la atractiva protagonista vestida provocativamente, atravesando la plaza del pueblo ante la mirada lasciva de los hombres y la envidia de las mujeres. Malèna recorre la plaza y se sienta en una terraza, saca un cigarrillo y varios hombres le ofrecen fuego. La secuencia se acompaña con la concatenación de un tema central y el principal, uno tras otro. El central es una melodía popular, italiana, jovial y desenfadada, que plasma el ambiente del pueblo; el principal es el de Malèna, una música cálida y tierna, hermosa pero no exenta de cierta aflicción. Ambas se insertan en nivel sonoro alto:

Música: —— Tema central —— | — Tema principal →
Secuencia: --

De este modo, la música cumple primero una función ambiental (la plaza llena de gente) y luego dramática (con la aparición del tema de Malèna: la música la apoya a ella, no al entorno), pero en un plano de absoluta igualdad entre ambos temas. Realza, eso sí, la figura de la protagonista y la acompaña en su recorrido. Más adelante, en los últimos momentos de la película, acontece una secuencia similar: la plaza vuelve a estar llena y Malèna la atraviesa. Las circunstancias argumentales, eso sí, son distintas.[69] Se vuelve a repetir la sucesión del mismo tema central y del tema principal, pero esta vez en niveles sonoros diferentes:

---

[69] Esta es la sinopsis: en un pueblo siciliano, durante la Segunda Guerra Mundial, una bella mujer cuyo marido está combatiendo intenta sobrevivir a la miseria. Creyendo que su esposo ha muerto, acaba ejerciendo de prostituta para los alemanes y por ello es expulsada del pueblo, al acabar la contienda. La secuencia que analizaremos corresponde al regreso de Malèna, del brazo de su marido.

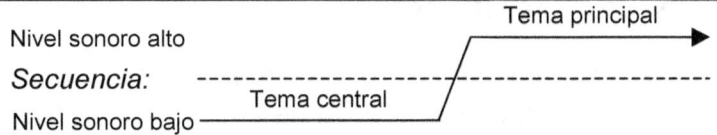

Cuando el tema central está en nivel sonoro bajo, lo que se oye en primer plano sonoro es el ambiente de la plaza (ruidos, voces, gritos...). Cuando se efectúa el tránsito hacia el tema principal, que ocupa un nivel alto, el sonido ambiente baja, de manera que los niveles sonoros de la música y del sonido ambiental se intercambian.

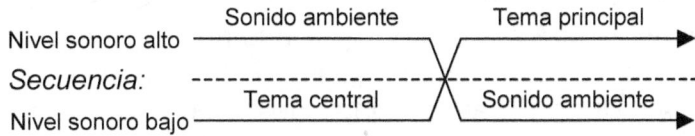

En la secuencia previa, el sonido ambiental y el nivel sonoro de los dos temas estaban en un mismo rango. Aquí no sucede así, produciéndose un efecto diferente, pues se prioriza el tema principal, tanto en comparación con la escena anterior como en esta, y en relación al tema central. Además, y esto es importante, así la música aisla a Malèna de su entorno. Antes se limitaba a realzarla, pero ahora la individualiza: con la música se fomenta la impresión de que en la plaza sólo está ella, en una suerte de primer plano que se efectúa con la música. De hecho, y esto también es importante, el tema de Malèna aparece antes de que la cámara la muestre: se aplica inicialmente sobre las miradas sorprendidas de los lugareños hacia un punto en el que se deduce, por la aplicación de la música, que está Malèna, pero no se la ve aún. Y cuando aparece físicamente es en plano general, es decir, lejos de la cámara. Pero el primer plano sobre ella –musical– ya está hecho. Luego los sucesivos planos sí irán acercándose a su rostro, pero la música se habrá avanzado a ese efecto visual y la habrá aislado del entorno. Por eso era fundamental que en la escena participaran los dos niveles sonoros de la música.

Nivel argumental

La película de François Truffaut *La nuit américaine* (1973) tiene dos estratos argumentales: por un lado, el rodaje de una película; por otro, la película que se rueda. Georges Delerue, el compositor, escribió música para ambos, de tal modo que el estrato real del filme (el rodaje) tiene su música y el estrato ficticio (la película que los personajes ruedan) tiene la suya. Delerue situó su partitura en dos niveles argumentales diferentes, remarcando ambos estratos. El filme de Ken Russell *Altered States* (1980), por su parte, narra las experiencias de un médico que traspasa la frontera de lo razonable probando consigo mismo experimentos que le adentran en un mundo irreal. El entorno real y las partes oníricas fueron abordadas de modo distinto por John Corigliano, quien así situó su partitura en dos niveles argumentales diferentes. Una película puede tener un solo estrato argumental o varios (combinar presente con pasado, lo real con lo onírico...). El compositor puede también remarcar las diferencias entre esos estratos o no hacerlo o, simplemente, en el caso de que no existan distintos estratos, situarse en la linealidad marcada por la película. Es decir: pautar los acontecimientos que se suceden, tal y como ocurre con la música de Victor Young para *Around the World in 80 Days* (1956), en la que se adapta al entorno geográfico y argumental (música hispana en España, francesa en Francia o hindú en India). Aquí, se pautó un nivel argumental parejo al desarrollo de la película.

Respecto a la ubicación concreta de una música con respecto al desarrollo argumental hay una regla de oro: puede sonar paralela a los acontecimientos de la película o adelantarse a ellos, pero jamás ir por detrás. En otras palabras: la música no puede llegar tarde a su cita en la película. Si lo hace, resulta inútil. Como es lógico, una acción puede ser acompasada por música (paralela); también, la música puede adelantar acontecimientos que aún no han tenido lugar (adelantada): en el caso, por ejemplo, de que avise de que algo terrible va a suceder antes de que suceda.

Es exactamente lo que se aprecia en la escena de la huida nocturna en coche de *Psycho*: la música se ubica en un nivel argumental presente (describe una acción determinada: la chica conduce angustiada un coche), pero también futuro porque esa música, en realidad, está también conduciendo a la protagonista a un lugar determinado: el motel donde será asesinada.[70] Sin embargo, la música no puede ir por detrás de los acontecimientos que pretenda puntuar. En la escena de *Jaws* que comenté al referirnos al silencio musical, la música surge inmediatamente después del impacto visual de la aparición del escualo, pero dentro de la estela de ese mismo impacto, por lo que, aunque con un segundo de retraso, es una acción paralela. Si, por el contrario, se hubiese esperado cinco segundos en hacer aparecer la música, esta ya no causaría efecto alguno sobre el espectador: habría llegado demasiado tarde. Por tanto, la música sirve de poco si pretende aportar una información que el espectador ya conozca por el devenir del filme. Si, por ejemplo, el compositor pretende disimular que un personaje es un asesino cuando el espectador sabe que lo es, aunque aún no haya matado a nadie, la música que le aplique para encubrirle será inútil, pero lo será aún más toda aquella que ponga para evidenciarle, porque no aportará nada nuevo y se limitará, entonces, a un acompasamiento paralelo superfluo. Es cierto que puede jugarse con cierta ambigüedad, pero me refiero al supuesto de que, por impericia del director, el espectador tenga muy claro lo que va a suceder. El nivel argumental de la música entra en los terrenos visuales o físicos. Cuando las películas proponen otros terrenos, no visuales, entonces la música puede ser ubicada en niveles espaciales y dramáticos.

---

[70] Efectivamente, los últimos acordes de la música de Herrmann coinciden con la aparición del siniestro motel. Herrmann explicita entonces el mensaje: "*Algo terrible va a suceder y va a ser aquí*".

Nivel espacial

Ya indiqué, a propósito de la música empática y la anempática, que en ocasiones la aplicación de una música responde a criterios de elección, tanto si se opta por reforzar lo que se está viendo en pantalla, por contradecirlo o sencillamente por primar algún aspecto concreto, sin considerar el resto. El criterio de elección determina el sentido dramático de la escena. En una secuencia, la música puede ubircarse en diferentes espacios: el de la acción, el de las sensaciones, de las referencias, en alguno completamente ajeno o en varios de los anteriores simultáneamente. Una música que acompase un movimiento físico (una carrera, una persecución, una pelea...) estará priorizando en su nivel espacial la acción, sin otras consideraciones; una música que exprese sentimientos o pensamientos de un personaje priorizará en su nivel espacial las sensaciones que se estén viviendo, al margen de su acción física. Son dos opciones –no las únicas, como enseguida veremos– que no son excluyentes, dado que es factible abordar ambas simultáneamente, de modo que, por ejemplo, un tema que esté identificado con un personaje se puede repercutir para plasmar lo que siente y para aderezar la acción física que emprende: por ejemplo, si este personaje corre desesperado porque llega tarde a una cita, la música puede realzar su carrera y su angustia.

Pueden darse casos en los que la música no atienda a esos niveles de la acción y de la sensación, sino que sirva como referencia para el espectador, emocional o intelectualmente: un paisaje e incluso un objeto pueden cobrar vida gracias a la música, y ser resaltados con ella. Así, una bella música aplicada a un paraje puede expresar lo que sientan los personajes por ese paraje (y estaríamos entonces ante el nivel espacial de las sensaciones), pero también se puede vincular exclusivamente a las impresiones que se pretenden del espectador, no de los personajes. Cuando el protagonista de *Lawrence of Arabia* (1962), por ejemplo, recorre el desierto sobre un camello, la bella música de

Maurice Jarre no está expresando tanto lo que siente ese hombre como busca la emoción del espectador ante el grandilocuente escenario. Es, por tanto, una música de referencia. También puede aplicarse música en un nivel espacial de referencia cuando se vincula a algún objeto físico que tenga alguna importancia argumental, siempre y cuando el espectador comprenda que esa música guarda relación con el objeto. Si en escena tenemos una caja de música, por ejemplo, y lo que suena es la música de una caja de música, el compositor estará focalizando su creación hacia ese objeto, no hacia la acción o las sensaciones de los personajes. Y lo mismo puede hacerse con un jarrón, un cuadro o cualquier otro objeto sobre el que penda alguna importancia argumental o dramática que el espectador entienda. En muchas de las escenas de *The Red Violin* se prioriza la presencia física de ese instrumento (un objeto) sobre los personajes o acciones que le rodean.

Estas son opciones de elección del nivel espacial a partir de elementos visuales o emocionales obtenidos desde la secuencia. No son las únicas opciones: ¿y si la música no guarda relación con la escena?. En otras palabras, ¿puede insertarse música en una secuencia en la que no corresponde argumentalmente?. En la primera escena de *The Silence of the Lambs* (1991), que se corresponde a los títulos de crédito, vemos a Jodie Foster haciendo deporte en un bosque, corriendo y sorteando obstáculos. Es una acción cotidiana (una chica entrenándose) que, sin embargo, es acompañada por una música –de Howard Shore– de tono moderadamente apocalíptico y abiertamente intrigante. Sin embargo, nada en la música ni en la acción nos hace temer que a la joven le vaya a suceder algo terrible mientras hace sus ejercicios físicos. Ni acompaña la acción ni las sensaciones de la protagonista. Tampoco hace las veces de referencia. ¿De qué sirve, pues?. En la respuesta encontramos una de las claves más importantes en el uso de la música: el adelantarse a acontecimientos venideros. La música, pues, no expresa nada de lo que acontece paralelamente, sino que sacrifica la sincronía para sugerir algo que ha de suceder más adelante.[71] En cierta manera, sabemos que a la chica no le va a pasar nada mientras hace sus ejercicios, pero con la música intuimos que más adelante sí lo va a pasar mal. Este es un método muy recurrido y en el que Bernard Herrmann fue pionero, hasta el punto de que podríamos llamarlo el *método Herrmann*, tan imitado: una música presentada con anterioridad a los acontecimientos en los que finalmente será aplicada.

Otro aspecto importante a destacar, y que también guarda relación con el nivel espacial, es su posible efecto expansivo: hay ocasiones en las que un personaje deambula por la película con su música y nada pasa a su alrededor; en otras, en cambio, la música de un personaje puede trascender del propio personaje e *inundar* la escena y el escenario, llegando incluso a anular a otros personajes. Sucede en el caso del tema de Jill de *C'era una volta il west*, donde además acontece un hecho: cuando Cheyenne –cuyas intenciones son todavía ambiguas– irrumpe sin permiso en casa de Jill, su entrada se refuerza con su tema, con tono neutro que no desvela sus intenciones y que deja a Jill en posición muy débil pues su casa, su espacio íntimo, ha sido invadido por un extraño y por la música de ese extraño. Pero poco después lo que sonará será el tema principal (el de Jill) que, además de evidenciar que entre ambos hay confianza –Jill ha recuperado el dominio de su espacio con su música–, hace palpable que Cheyenne se ha rendido a sus encantos, lo que se plasma en el hecho de que sea la música de Jill la que domine la escena, sin inserción alguna del tema de Cheyenne, quien se marcha del lugar con el tema principal, no con su música. En este caso, el tema se ha expandido y ha anulado el poder del otro: ante su presencia, Cheyenne no tiene ya música. También ocurre con el tema principal de *Catch Me If You Can*, que proviene de un personaje pero domina el escenario en el

---

[71] La música, y esa es una de sus grandes herramientas narrativas, permite romper la sincronía con la narración fílmica, de tal manera que se adelante y tome ventaja con respecto a la acción.

que se escucha y en tantos otros casos en los que se quiere dotar de singular importancia a una música.

Cuando una película se ubica en distintos espacios (que es lo normal, salvo que transcurra en una sola habitación) la música también puede remarcar las diferencias entre esos espacios, o no hacerlo, como sucede en *Gosford Park* (2001), de Robert Altman, donde Patrick Doyle no diferencia los dos espacios en que se desarrolla el filme: la planta de la mansión donde socializan los y la planta donde viven y trabajan sus sirvientes, unidas con una misma música. Pero diferenciar los espacios físicos puede resultar de enorme utilidad. En *Rosemary's Baby* (1968), por ejemplo, la música que Kryzstoff Komeda escribió para este filme de Roman Polanski distingue los tres espacios en que se desarrolla: las calles de Nueva York, el interior del edificio Dakota y el apartamento de la protagonista, en el edificio Dakota. En las calles de Nueva York suena jazz; en el edificio música de terror y lo que domina en el apartamento es la nana de los créditos iniciales repercutida en distintas formas.[72] La música del edificio no sólo *invade* el espacio del apartamento sino que, cuando ella sale a la calle a respirar tranquila, no la deja libre: suena un jazz muy contaminado por la inquietante música de Komeda y también la nana acabará impregnada del *mal*.[73] Por tanto, la partitura también puede marcar fronteras en los espacios físicos de una película y vulnerarlas.

---

[72] En realidad el edificio Dakota no tiene música de terror. Lo que sucede es que los siniestros vecinos, con sus permanentes intrusiones en la vida y el apartamento de la protagonista, acaban por traer con ellos esa música, que se *instala* en su casa y no la dejará en paz. De hecho, las dos ocasiones en las que ella pretende relajarse, intenta escuchar música en su tocadiscos: ellos no dejarán que lo haga.

[73] Esta *contaminación* de la nana –que es el tema principal– junto con sus distintas repercusiones en el espléndido filme de Polanski hace que su sentido cuando suena como tema final sea completamente distinto a cuando sonaba como inicial, y eso que son idénticamente iguales: al principio, es una nana feliz (una mujer va a ser madre); al final, un tema de *aceptación del mal*. Es realmente ejemplar.

Nivel dramático

The Adventures of Robin Hood (1938) es uno de los grandes clásicos del cine de aventuras, con la lucha del héroe del bosque de Sherwood contra la monarquía corrupta. El tema eterno de los deshauciados contra los poderosos. La música, de Erich Wolfgang Korngold, es también una de las más importantes compuestas para la gran pantalla. El compositor, lejos de aplicarla en un nivel argumental (música popular para los pobres; solemne para los potentados), dotó a los desfavorecidos –al héroe en concreto– de un tratamiento respetuoso y majestuoso, de tal modo que, con su partitura, lo elevaba a la categoría de verdadero monarca, defensor de los pobres y de causa noble. Korngold, con su creación, superó las barreras argumentales del filme y aportó un nuevo nivel. En su nivel dramático, la música puede alterar el orden de las cosas, dar nuevas perspectivas o situarse a favor o en contra de los personajes, entre otras posibilidades. Si en su nivel argumental se situaba a ras de los estratos narrativos, con el nivel dramático aporta nuevas dimensiones, mayor profundidad o aspectos no contemplados en imágenes. No hay Edén alguno en *Il buono, il brutto, il cattivo* (1966), pero existe gracias a la música de Ennio Morricone: concretamente, en la escena en la que "el feo" llega al cementerio e inicia su frenética y tan anhelada búsqueda de la tumba con la inscripción que le llevará al cuantioso botín. En dicha secuencia, la música es eufórica, de intensidad creciente y cuenta con el apoyo de la voz soprano de Edda Dell'Orso. Morricone no retrata la avaricia del personaje, sino que aporta un concepto más místico, incluso bíblico: es la llegada a la "tierra prometida". Por tanto, la música es apoteósica, muy alegre y feliz.[74]

---

[74] Morricone hizo numerosos westerns, pero serían los de Leone los que le darían fama. Frente a la dimensión épica de los americanos Moross y Bernstein, optó por no repetir esa fórmula, también de éxito, y trabajar sobre criterios más místicos, que entonaba mejor con las películas de Leone. Si en Estados Unidos se primaba la territorialidad en la música (es decir, la propia del lugar donde transcurre el filme), en su voluntad estuvo otorgar un sentido temporal, de tal modo que la música sirviera para ubicar la película en las épocas más agrestes de la

Los sueños eróticos del protagonista de *American Beauty* ocupan una porción pequeña en el filme, pero la música de Thomas Newman, en su mayor parte, se adscribe a elllos, sin que tenga una finalidad realista en lo que se refiere a la descripción de personajes o situaciones, sino que incide en lo onírico y fomenta la confusión y las obsesiones de lo inconcreto, priorizando un estado de caos latente, lo que posibilita que todas las fantasías sexuales del personaje parezcan naturales y, así, asumibles por el espectador. El compositor recurre de forma deliberada a una música indefinida y ambigua, lo que en la película resulta muy práctico. En estos casos, la música incorpora una nueva perspectiva que, aunque no argumental, sí resulta explicativa: la transformación de unos áridos paisajes en tierra celestial o la presencia constante de una obsesión lasciva. Cuando se aplica en su nivel dramático, puede llegar a profundizar en los sentimientos de los personajes. A veces basta con las indicaciones musicales para definir el estado emocional o mental de un personaje, obviando entonces explicaciones. El terreno en el que se mueve cuando se aplica en un nivel dramático es mucho más amplio y libre, y las opciones son infinitas. Veamos una serie de ejemplos notables para comprobar hasta qué punto el nivel dramático de la música

Humanidad y, así, darle el sentido bíblico que buscaba el director en personajes que surgían de la nada, en pueblos sin pasado y entornos sociales con apariencia de haber sido recién constituidos. Venía a ser una emulación de las frases del Génesis que decían lo de «*En el principio, creó Dios el Cielo y la Tierra; la Tierra era caos y confusión. Y luego creo al hombre*». Bajo este precepto, ideó una fórmula que aplicaría en los títulos de crédito de varias de esas películas y que consistía en un símil de la Creación: se iniciaba con sonoridades rudas y primitivas (la música de la Tierra silvestre), proseguía incorporando percusiones u otros instrumentos más convencionales (el origen de la vida) y acababa con el empleo de la voz humana y la orquestación (la aparición del hombre). Era entonces cuando comenzaban las historias. Por ello, la lógica impuso que los instrumentos fueran lo menos convencionales posibles y, a la vez, con las sonoridades más primarias: látigos, golpes de yunque, guitarras tocadas en sus registros graves, campanas, aullidos, gritos, harmónica... todo lo que evocara la idea del "origen del hombre" y, sobre todo, que diera un aire violento. Lo contrastaba con la intervención de la voz soprano de su inseparable Edda Dell'Orso y el resultado, entonces, era perfecto.

puede llegar a beneficiar el filme y dotarlo de dimensiones más hondas.

Taxi Driver (1976), de Martin Scorsese, fue la última película en la que trabajó Bernard Herrmann. El director le pidió una música que describiese la atormentada personalidad del protagonista, un taxista aquejado de insomnio que decide convertirse en redentor de la sociedad, atentar contra un candidato político y salvar de su proxeneta a una prostitua adolescente. Herrmann, para los créditos iniciales, escribió un cálido tema jazzístico para saxo y lo entremezcló con una melodía obsesiva, oscura, no resolutoria, que cuando parecía acabar volvía a empezar. De este modo, contrastó brutalmente la ambientación nocturna de la ciudad con una música paranoica, que evidenciaba el tormento interno de un personaje del que todavía no se conocía nada. Herrmann había logrado un efecto similar en Sisters (1973), de Brian De Palma, en la que la protagonista es una perturbada. La secuencia del primer crimen se desarrolla así: ella despierta en una cama y un hombre le trae una tarta de cumpleaños y un cuchillo para que la corte. Súbitamente, ella toma el cuchillo y apuñala salvajemente hasta la muerte al infortunado. La música es violenta y frenética, pero no está describiendo en absoluto la acción de matar, sino que suena a modo de "berrinche infantil" en tanto que refleja la pesadilla mental de la mujer, una especie de quejido histérico que surge de su interior. Tanto en Taxi Driver como en Sisters, la música no se corresponde al nivel argumental, sino claramente al dramático.[75]

Si la música ahonda en las emociones de un personaje y las hace palpables, especialmente cuando el personaje

---

[75] En el caso de los créditos de Taxi Driver se da el doble nivel: el argumental (la noche neoyorquina, con el saxo) y el dramático (la críptica personalidad del taxista, con la música obsesiva). Herrmann hizo algo arriesgado: aplicó en esa primera secuencia la música neoyorquina sobre los primeros planos del protagonista y la música obsesiva sobre las imágenes de las calles de la ciudad —y no al revés, como sería lógico—, en una fusión que, de todos modos, era resuelta en el tramo final, cuando el personaje comenzaba su acción esta vez sí acompañado por la música que expresaba sus turbulencias mentales.

parece querer ocultarlas o, al menos, no explicitarlas, entonces contribuye a definirlo de un modo que, sin música, quedaría incompleto. El thriller *Double Indemnity* (1944), de Billy Wilder, supuso el inicio de la fructífera vinculación al cine negro de Miklós Rózsa, quien enfatizó los aspectos más oscuros y perversos de la relación entre Barbara Stanwyck y Fred McMurray, y de la enigmática y absorbente personalidad de ella, evitando incidir en aspecto romántico alguno, sino remarcando el deseo carnal y la brutalidad de ambos cuando toman la decisión de asesinar al marido de ella. Empleó en ese propósito una instrumentación dura y contundente que contrastaba con las formas habituales en el Hollywood de la época. Algo parecido haría en *Spellbound*, de Alfred Hitchcock y en *The Lost Weekend* (1945), de nuevo a las órdenes de Wilder. En su nivel dramático la música puede incidir en los anhelos de los personajes, haciéndolos presentes cuando en el filme aún no existen. En *Who's Afraid of Virginia Woolf?* (1966), por ejemplo, el compositor Alex North se alineó con la amargura de los protagonistas, dejando que toda la carga de furia e ira se quedara en los diálogos. Así, frente a la desesperada pelea que el matrimonio mantiene durante el metraje, su hermosa creación fue apacible, en claro contraste con la batalla emprendida en pantalla. Las características de los personajes suele determinar el nivel dramático de la música que les acompaña, aunque a veces se opte por un contrapunto, como el de *The Adventures of Robin Hood*. Pero si los personajes son sencillos y poco sofisticados, es lógico que la música sea a su vez sencilla y poco sofisticada porque, alineándose con la realidad de los personajes, la música los hace más comprensibles. Basta con recordar las partituras de Georges Delerue para *La peau douce* (1964), de Luis Bacalov para *Il postino* (1995) o de Eva Gancedo para *La buena estrella* (1997), entre tantas otras que se posicionan claramente junto a los personajes. Esta nivelación no siempre ha sido del todo entendida, como sucedió con la banda sonora de *Rocky*, acusada de vulgar y discotequera. Sin embargo, es una muestra de buena aplicación de música en su nivel dramático.

En la magnífica película de John G. Avildsen apenas hay música, salvo en la parte final. El tono semidocumental y las características intrínsecas de los personajes (gente humilde, antihéroes) hubiera perdido parte de su eficacia si Bill Conti, el compositor, hubiera musicado convencionalmente el filme. Apenas hay unos esbozos melódicos durante el metraje, excluyendo el final, algo deliberadamente insuficiente. Por el contrario, la irrupción en las escenas previas al combate final de la enérgica canción *Gonna Fly Now*, le dio a Rocky su único momento heroico, el único instante en que gozó de arropamiento emocional. Y aunque no ganara el combate y el personaje no dejara de ser un pobre perdedor, la música le dio finalmente el calor que le había faltado en todo el metraje. Se cuestionó la vulgaridad de un tema discotequero, sin considerar que era el tipo de música que un personaje como Rocky escucharía en su vida real... ¡Rocky no escucharía a Mahler!.

En todo caso, si la música puede posicionarse a favor de un personaje, también está capacitada para hacerlo en su contra. Recordemos la *persecución musical* que ejecutó Elmer Bernstein sobre el personaje interpretado por Frank Sinatra en *The Man with the Golden Arm*, o la *fatalidad anunciada* en partituras como las de *The Treasure of the Sierra Madre* (1948), de Max Steiner, *Se7en* (1995), de Howard Shore, o *Entre las piernas* (1999), de Bernardo Bonezzi, por citar unas cuantas de las que impregnan película y personajes de una amarga sensación de fatalidad que multiplica el efecto desolador. Otras veces, se opta por efectuar un contraste o mantener una duplicidad para resaltar alguna singularidad, sin recurrir por ello al contratema. Veamos cuatro ejemplos altamente significativos de esta clase de nivel dramático.

Spartacus (1960), de Stanley Kubrick con música de Alex North, tiene dos niveles dramáticos diferenciados: por un lado el entorno hostil que se mantiene desde el principio hasta el final reflejado con música de apariencia caótica, violenta, agreste y marcial, que simboliza tanto la opresión romana como la lucha emprendida por Espartaco. En este territorio tan árido pautado por la música aparece el tema de amor: una dulce y sencilla melodía construida en base a tres simples notas que sobresale y destaca como una flor en un vasto desierto. El contraste resulta impactante, refuerza la propia esencia del tema romántico y define a los dos protagonistas (Espartaco y su amada) en su más pura sencillez. Por su parte, *Jaws* tiene un doble nivel muy inteligente. La música discurre en dos estratos no argumentales sino dramáticos: la que se aplica para lo vinculado al fondo marino y aquella que suena fuera del agua. Por un lado, la música del tiburón y de su entorno; por otro, la de los humanos. No hay tema/contratema –salvo en un caso muy concreto, ya mencionado– sino dos posiciones antagónicas en las que la música más sofisticada y elaborada es la que proviene del mar. La gravedad de esa música submarina se contrasta con las melodías ligeras y deliberadamente banales que Williams escribió para lo exterior, en una clara emulación del enorme poder y astucia del animal, frente a la torpeza y deslucida heroicidad de los humanos. Para enfatizar estas diferencias, aplicó un divertimento barroco trivial que suena cuando los turistas llegan en masa a la población[76] y un pastiche de fanfarria *korngoliana* que, con la apariencia de remarcar las proezas de los cazadores, evidenciaba su incompetencia. En *One Flew Over the Cuckoo's Nest* hay un doble nivel dramático en la obra de Jack Nitzsche, que se establece en función de su aplicación incidental o diegética. Toda la partitura incidental se vincula al concepto de libertad –la que busca el protagonista–, en tanto que la diegética expresa el concepto de opresión: es la música que la gélida enfermera Ratched *obliga* a escuchar a sus pacientes y contra la que Jack Nicholson se enfrenta, exigiendo que la quite.[77]

---

[76] Tema este que, en la edición de la banda sonora, Williams tituló irónicamente *Turistas en el menú*.

[77] Como también sucedería en *American Beauty*, que ya comentamos, los protagonistas se enfrentan a sus rivales por la música que estos escuchan y hacen escuchar.

El nivel dramático permite trascender la película y ubicar la partitura en un estrato distinto, ya sea ideológico, psíquico e incluso místico, sin que tenga que estar necesariamente vinculado a un personaje en concreto, sino una idea genérica expuesta. La partitura, de nuevo de Williams para Spielberg, de *Schindler's List* (1993) es claramente empática, pero no es una música de personajes o de situaciones, sino ideológica porque su perspectiva es la de una mirada exterior, impotente, dolida, y muy compasiva, de un compositor que muestra la infinita dignidad de quienes sufrieron las humillaciones o murieron en la inhumana barbaridad del Holocausto. Algo parecido sucedió con la música de Ennio Morricone para *The Mission* (1986), que a partir de las directrices argumentales del filme elevó a un mayor grado su componente religioso y dramático. Y es que esta capacidad que tiene la música de trascender la propia película es lo que posibilita dotar a los filmes de sentidos más amplios y profundos, aquellos que no se lograrían alcanzar sin música.

V. Procesos de dinamización

Los niveles de la música, así como sus formas de aplicación dan a la partitura singulares ventajas para la explicación de un filme, de sus personajes o de cualquier elemento. En este capítulo repasaré algunas posibilidades que pueden ser aprovechadas con un empleo adecuado.

La música y los diálogos

Una música puede reforzar los diálogos o darles mayor apoyo, pero en no pocas ocasiones se corre el peligro de que pueda llegar a entorpecer la fluidez de las palabras, distraer la atención o resultar redundante. Del equilibrio que se logre entre la música y los diálogos –si se decide que compartan el mismo espacio– depende la solvencia de una secuencia. Pero es importante señalar que, frente a las palabras, la música siempre tomará una posición de retaguardia, supeditándose a ellas. Esto es así porque, en el cine como en el teatro, los diálogos tienen el carácter protagónico que la música puede alcanzar cuando no existen. Como es obvio, los diálogos no necesitan música para ser comprensibles, ya que en principio se explican por sí mismos. Sin embargo, hay una serie de situaciones en las que la aplicación de música puede llegar a dotarlos de una dimensión más amplia.

El supuesto más elemental es el de que la música vigorice o fortalezca aquello que se está narrando: es decir, que ante unas palabras de amor, la melodía establezca un entorno ambiental y emocional romántico, o que en una situación tensa, con diálogos tensos, la música produzca una mayor impresión de intranquilidad. En estos supuestos, y en similares, la partitura no aporta nada nuevo ni diferente, pero redimensiona al ser su efecto puramente emocional. En el melodrama romántico *Wuthering Heights* (1939), como en tantos otros, los protagonistas se declaran su amor, pero la música –en este caso de Alfred Newman– resulta de gran importancia para dar mayor énfasis a los sentimientos expresados. En un sentido contrario, en *Sorry, Wrong Number* (1948) las palabras son reforzadas por música –de Franz Waxman– que multiplica la tensión manifestada verbalmente. Con la música puede extenderse un sentimiento expresado con palabras y prolongarlo en el metraje sin necesidad de recurrir de nuevo a los diálogos. Es decir, que si una música es aplicada en una escena en la que los protagonistas revelan un sentimiento determinado, basta con reiterar o repercutir esa música en otro pasaje para que, en cierta manera, las palabras se repitan sin necesidad de volver a escucharlas, pues la música ha tenido una referencia concreta y emocional, que luego adquiere un cariz de conexión intelectual, ya que vincula al espectador con la escena previa en la que esa melodía ha aparecido por vez primera, obviando así diálogos redundantes.

En cierta manera, el hecho de acoplar música con diálogos concretos la hace aún más expresiva. Si la música se extiende en el espacio más allá de los diálogos, entonces su utilidad es destacada, como vimos con respecto al tema principal o los centrales. Puede suceder, sin embargo, que un tema se limite a una secuencia y no vuelva a ser empleado. Si es así, su función se limitará a reforzar unos diálogos concretos sin aportar más, corriéndose el riesgo de ser redundante, lo que de por sí no es negativo, pero hace que pueda ser más prescindible.

Hay una relación importante en la aplicación de música en escenas de diálogos con los niveles sonoros y dramáticos. La compatibilidad de música y palabras se produce en un plano de igualdad sonora en el caso de las canciones y del género musical, pero en las secuencias dialogadas prima el entendimiento y la audición de las palabras y por ello la música suele tomar una posición de supeditación, en un nivel sonoro más bajo que el de las voces, cuando melodía y palabra ocupan el mismo espacio físico en la película. Cuando no es así, porque por ejemplo los actores dejen de hablar por un momento, la música puede subir su nivel sonoro sin ocasionar problemas. Veamos estos cuatro supuestos:

Supuesto 1

> *Diálogos:* --
> ***Música****:* —————————————————————▶

En este supuesto la música apoya los diálogos, sin interferir. En cierta manera, hace las veces de almohadilla donde pueden fluir con comodidad y, lo que es más importante, ser escuchados. Resulta muy ventajoso porque puede llegar a dulcificarlos o hacerlos más asequibles, ya que adecuadamente aplicada en una escena de diálogos hace que estos discurran más fácilmente. Piénsese, sin ir más lejos, en una secuencia dialogada sin música y luego en la misma, pero con música. En el primer caso, el espectador tendrá que prestar una especial atención para no perder detalle de lo que se diga, porque las palabras serán el único referente sonoro; en el segundo caso también habrá de prestar atención, pero resultará más difícil que se produzca alguna distracción porque la música tiene un poderoso efecto psicológico que permite que las palabras, acomodadas en una buena base sonora, discurran más fluidamente. Por eso es frecuente que muchas secuencias de diálogos se acompañen con fondo musical, puesto al único servicio de hacer más digeribles las palabras. No importa que sea incidental o diegética, pero en las escenas estáticas de diálogos (con personajes sentados alrededor de una mesa y charlando) la música suele ser diegética porque no necesita justificación alguna, en tanto que con la incidental corre el riesgo de que el espectador se pregunte de dónde viene la música que acompaña los diálogos en un lugar inamovible y concreto. No sucede así en las escenas no estáticas (personajes hablando mientras caminan o se mueven), porque participan otros elementos visuales como el cambio de escenarios o el movimiento de los actores, lo que hace que sea más dinámico y la música pueda participar como un elemento más de todo el conjunto. En las escenas estáticas, aunque los personajes estén quietos, los movimientos de cámara, por ejemplo, dinamizarían la secuencia y facilitarían la entrada de música incidental.

Naturalmente, no es imprescindible que deba haber música en una escena dialogada y, si la hay, no ha de sonar necesariamente todo el tiempo que dure la secuencia, aunque en este caso si se emplea incidentalmente se habrá de ser cuidadoso con las interrupciones, para que tengan coherencia y no resulten llamativas ni entorpezcan el ritmo.

Supuesto 2

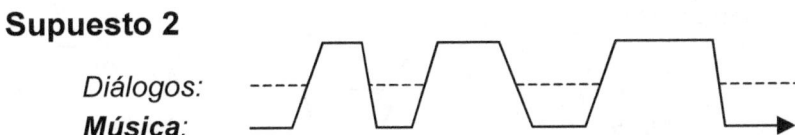

En este supuesto, al igual que en el anterior, la música tampoco interfiere en las palabras, pero cuando hay silencio verbal, entonces sube su nivel sonoro para ocupar un lugar más destacado, que abandona en cuanto los diálogos reaparecen. Es un método recurrido que da mayor importancia a la música y la hace más protagónica que en el primer supuesto, donde acompañaba la escena y sus diálogos. En este caso se alterna la utilidad funcional (música para sostener palabras) y la dramática. Obviamente, no consiste en el mero acto técnico de subir y bajar el volumen de la música, porque ello daría un resultado demasiado forzado, y además llamaría la atención sobre la música, sino que el compositor ha de saber moldear su creación para ajustarla a los dos niveles sonoros y que todo fluya de modo coherente y estético. Esto es algo que lógicamente no podría hacerse con música diegética, ya que no tendría sentido ni justificación alguna.

Supuesto 3

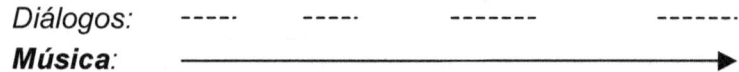

En este supuesto, a pesar de que se produzcan interrupciones en los diálogos, la música no cambia su nivel sonoro, manteniendo en toda la secuencia un tono similar y nunca protagónico. Es el recurso inevitable cuando se aplica música diegética pero también resulta válido con la incidental si no se desea dar énfasis dramático a la música, por las razones que sea. Como en el primer supuesto, no es imprescindible que deba sonar todo el tiempo que dure la secuencia, pero si se emplea incidentalmente también se habrá de ser cuidadoso con las interrupciones musicales para que tengan coherencia.

Supuesto 4

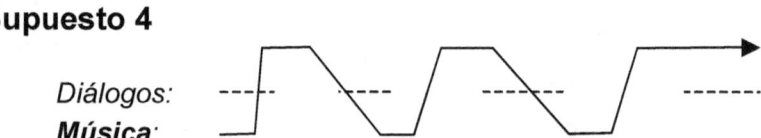

En este supuesto la música interfiere abiertamente con los diálogos, sin aparente coordinación. De los cuatro supuestos, es el único inoperante porque entorpece la fluidez o el entendimiento de las palabras. Es importante repetir que si coexisten diálogos y música, los primeros serán siempre prioritarios. De no ser así, no tendrían sentido y deberían ser suprimidos.

En el capítulo anterior vimos las posibilidades que ofrecía la música en sus niveles dramáticos. Cuando se vincula con los diálogos, puede hacer bastante más que pautarlos o acompañarlos, dotándolos de una dimensión más amplia que la expresada con las palabras. Es decir, que del mismo modo que, ante una declaración de amor, una melodía romántica enfatiza lo verbalizado, la música puede otorgar una perspectiva distinta: si ante esa declaración de amor lo que suena es triste, el sentido de las palabras cambia por completo. La música, entonces, se habrá vinculado a los diálogos no sólo para acompañarlos, sino para darles su dimensión exacta ante el espectador, en lo que puede llegar a ser un ejercicio de rigurosa precisión en el que palabras y música se necesitan mútuamente para lograr que el espectador comprenda la dimensión real de las emociones que expresan los personajes. Por otra parte, la música puede servir para evocar aquello que se está contando en los diálogos, de tal manera que si un personaje menciona algo que pueda ser trascribible en forma de música, la presencia de melodía amplía la dimensión dramática y argumental de la secuencia, funcionando entonces a modo de referencia y ampliando el campo espacial de la escena.

Una partitura puede marcar la diferencia entre lo que es teatro filmado y lo que es un filme basado en una obra teatral con características más cinematográficas que escénicas. Pero es importante señalar que, en una adaptación teatral, el objetivo de la música no siempre ha de ser el de contribuir a su desteatralización, tal y como sucedió, por ejemplo, en *On Golden Pond* (1981), filme en el que la partitura de Dave Grusin sirvió como perfecta introducción y conclusión, con adecuados interludios, pero cediendo protagonismo a las palabras. Eso sí, si comparamos el *Othello* (1965) protagonizado por Laurence Olivier con *The Tragedy of Othello, The Moor of Venice* (1952) de Orson Welles, las diferencias son notables, aunque se trate de la misma historia de Shakespeare.[78] Estos ejemplos se extienden a cualquier filme que adapte una pieza teatral y que haga uso de la música como complemento añadido que aporte más de lo que las propias palabras evocan.

Otro aspecto de importancia en la relación de la música con las palabras es cuando estas discurren en forma de voz en off que narra unos acontecimientos o hechos. En estos supuestos, para que música y voz concuerden y su conjunción resulte armoniosa suele resultar más práctico que la voz se grabe en función de la música, y no al revés. Es decir, que el recitado se coreografíe teniendo presente las derivaciones melódicas. Así pueden obtenerse momentos de gran belleza y precisión, como ocurre al inicio de *The Company of Wolves* (1984), con música de George Fenton, o en buena parte del metraje de *The Age of Innocence* (1993), que Bernstein musicó.[79]

La conexión secuencial

The Lonely Passion of Judith Hearne (1987), filme de Jack Clayton protagonizado por Maggie Smith, narra las desdichas de una solitaria cuarentona, amargada y alcohólica. Se inicia en una iglesia donde, siendo niña, juega con unas amiguitas y es reprendida por su tía. La escena, que corresponde a los créditos, acaba con un primer plano del rostro de la pequeña, del que se salen unas lágrimas. Sobre

---

[78] La primera tiene una puesta en escena sobria, sin relevancia en el manejo de la cámara y sin música que se vincule a la esencia del drama. Su peso se sustenta en el poderío de sus magníficos intérpretes (Olivier, Maggie Smith, Frank Finlay....) y el filme, en realidad, es una buena muestra de teatro filmado. Por el contrario, la versión de Welles utiliza todos los recursos cinematográficos para alejarla de su teatralidad: encuadres, movimientos de cámara y especialmente una poderosa música de Angelo Francesco Lavagnino que captó las turbulencias del relato y redimensionó, así, la propia obra.

[79] Pero no es un requisito imprescindible ya que, como hemos visto, el compositor puede pautar las palabras y hacerlas más armoniosas, aunque sin duda es más laborioso. Aún así, Dimitri Tiomkin y Georges Delerue lo hicieron, y muy bien, en *The Old Man and The Sea* (1958) y en *Les deux anglaises et le continent* (1971), respectivamente.

este se efectúa un tránsito y aparece el de ella ya mayor, que va compungida en un taxi que la lleva a una pensión. Entra en una habitación, abre la maleta, saca un retrato de su tía y lo coloca en la repisa de una chimenea, y finalmente coge una botella de licor y la guarda en un armario. Dos secuencias seguidas entre las que median varias décadas. Para marcar el trancurso del tiempo, Georges Delerue aplicó un tema inicial que daba paso a otro (que sería el principal), seguido y sin interrupción, pero manteniendo las diferencias estilísticas: el inicial tenía reminiscencias religiosas, en tanto que el siguiente era una melodía afligida y triste, en consonancia con el estado anímico del personaje. Sin embargo, a pesar de las diferencias, el tránsito podría haber resultado brusco de no haber mediado dos detalles: en primer lugar, como en la imagen, la parte final del tema inicial se fusiona con el inicio del tema siguiente, enlazándose ambos; en segundo lugar, el segundo tema comienza inmediatamente antes de producirse la elipsis y, por tanto, siquiera por segundos, se avanza a la misma:

Créditos (iglesia)	Escena taxi y pensión
Tema inicial	Tema principal

Al comenzar a sonar el segundo tema dentro de los créditos, enlaza ambas secuencias y facilita el tránsito sin que el cambio de escenario y de tiempo resulte brusco ni provoque alteración. Este es un truco muy útil en los supuestos elípticos, es decir, en aquellos en los que haya un salto de tiempo entre dos secuencias seguidas, y es un recurso para que la música introduzca al espectador en la nueva escena. Algo parecido puede apreciarse en las elipsis de *La famiglia* (1987), de Ettore Scola, con música de Armando Trovaioli. Es un retrato nostálgico de la historia de Italia a través de la evolución de una familia, y se desarrolla dentro del piso donde viven. Los tránsitos en el tiempo se marcan visualmente con un travelling en el pasillo de la casa, que pone fin a un episodio y da paso a uno nuevo, con los personajes más envejecidos. En ese momento suena el bello tema principal que suele acabar muy poco después de que el nuevo capítulo haya comenzado, lo que facilita la entrada en el mismo de modo plácido y elegante.

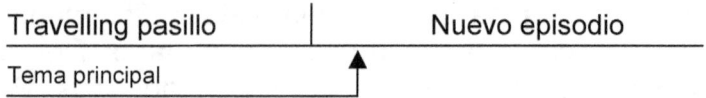

En *Actrices* (1996), de Ventura Pons, la música de Carles Cases sirve a los propósitos de entrelazar secuencias elípticas. Es una adaptación teatral con largas escenas de diálogos a las que siguen breves tránsitos para facilitar la llegada de una nueva escena de diálogos. La música se encarga de introducir y despedir cada escena de diálogos y de entrelazar las secuencias de tránsito con las de diálogos y viceversa, así:

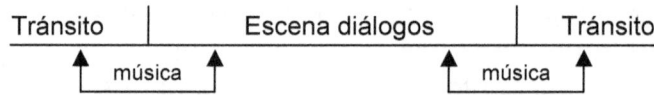

De este modo se fusionan armoniosamente secuencias distintas y la introducción –y despedida– de las escenas de diálogos se produce de modo no brusco, sino apacible y tranquilo. Aquí no hay música en toda la escena, pero el hecho de que la haya al principio y final permite sostener equilibradamente, incluso dar la sensación de que la ha habido en todo momento e imposibilita que los cambios de escena (y tiempo) sean ásperos y súbitos. La música puede ayudar también a fusionar o soldar secuencias distintas, dando una impresión unitaria y continuada, a pesar que se produzcan saltos de tiempo o espacio. Piénsese en el fenomenal inicio de *Citizen Kane*, en la que una sucesión de planos nos acerca hasta el protagonista en su lecho de muerte. La música de Herrmann solidifica esos planos y conduce hasta el punto climático, cuando la bola de nieve que sostiene Kane se cae al suelo y rompe. O el montaje de secuencias al final de *The Godfather*, unificadas sólidamente gracias a la música a pesar del contundente contraste que hay en esas secuencias, una matanza y una boda. Es momento de recordar las palabras de Herrmann: «*Si*

entiendes que una película es una colección de segmentos de imágenes artificialmente unidos en el montaje, es entonces función de la música soldar esos fragmentos en uno solo para que el espectador crea que es una secuencia única y compacta».[80]

El inicio de *The Remains of the Day* (1993), de James Ivory y con música de Richard Robbins, consiste en una sucesión de largas escenas en las que se explican los hechos previos a lo que es el comienzo real de la historia del filme (llegada a la mansión/subasta de la mansión/mayordomo abre ventanas de la mansión/mayordomo coge bandeja con el desayuno/camina por los pasillos con la bandeja/el nuevo propietario desayuna y habla con el mayordomo). Este encadenado es acompañado por una misma música y, así, la película narra rápida acontecimientos importantes de modo fluido y natural gracias al empleo de un único tema que lo entrelaza. Sin música, los cambios hubieran sido bruscos. Este sistema es muy práctico en películas que comiencen con explicaciones rápidas y resumidas a modo de antecedente, para situar al espectador en un punto concreto a partir del cual desarrollar el argumento. En *Tom Jones* (1963), de Tony Richardson y con partitura de John Addison, sucede lo mismo, en este caso con música barroca que explica las circunstancias del origen del protagonista. Pero la unión con música de secuencias dispares la encontramos también en películas en las que se pretenda dar un tono sólido y único, a pesar de diferencias narrativas o temporales. Un ejemplo de sucesión de secuencias en las que transcurre aceleradamente el tiempo lo hallamos en *The Age of Innocence*, donde con el apoyo de la voz de Joanne Woodward (que narra el filme), un extensísimo montaje de secuencias explica, de modo virtuoso y elegante, la evolución en la vida y sentimientos del matrimonio protagonista. Bernstein, en realidad, concatena dos temas diferentes, uno tras otro, que fusionan las elipsis y que facilitan también un

---

[80] CD «Bernard Herrmann Film Scores: from 'Citizen Kane' to 'Taxi Driver'» (Milan)

cambio de tono dentro del conjunto, gracias al empleo de dos melodías sucesivas. Philip Glass, en *The Hours* (2002), va más allá y llega a fusionar secuencias paralelas que transcurren en tres épocas históricas: los años veinte, los cincuenta y la actualidad, no sucesivas sino alternadas, y las dota de un cariz homogéneo sólido, por lo que los cambios de tiempo se producen sin alteración. La película intercala tres relatos, dos sobre mujeres lectoras de Virginia Woolf, y un tercero sobre la propia escritora. La música minimalista ayuda a que los saltos de tiempo parezan naturales y evitar la sensación de que son tres filmes en uno, sino uno único sólidamente entrelazado. Si el compositor hubiera escrito un tema para cada época, o un estilo musical diferente para cada período histórico, no se hubiera logrado esa unidad en todo el filme. En este supuesto, perfectamente válido por otra parte, participaría en tres niveles argumentales e independizaría los episodios. Por el contrario, una única música acopla el largometraje, fusiona los episodios y les da una continuidad natural y fluida, de manera que los tránsitos discurren apacibles y con impresión continuista. Pero sucede también que, cuando en una película se narra elípticamente una historia, la música puede contribuir a que ese relato breve y condensado discurra fluidamente, de modo natural. Uno de los momentos más destacados de *Ed Wood* (1994), de Tim Burton, es cuando el protagonista se entrevista con Orson Welles y, animado, decide finalizar el rodaje de la que cree ha de ser la película de su vida. Lo que sucede a continuación es un montaje de secuencias donde se expone el proceso de creación de ese filme, hasta llegar a su estreno. Un proceso que, en apenas unos minutos, abrevia lo que sucede en semanas. La música de Howard Shore, con un crescendo ascendente muy emotivo, ayuda a unificar tanto salto temporal. En *Todo sobre mi madre* (1999), de Pedro Almodóvar con música de Alberto Iglesias, se plantean seguidos dos montajes de secuencias elípticas:

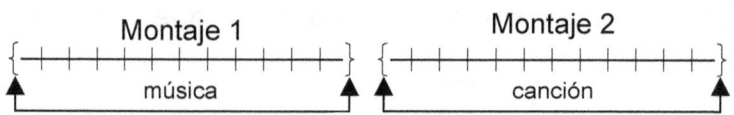

El primer montaje de secuencias abarca desde que la protagonista firma la donación de los órganos de su hijo hasta que un paciente recibe esos órganos. El segundo comienza cuando inicia su viaje a Barcelona y finaliza en el momento en que llega a un descampado donde encontrará a un transexual. En el primero, se explica en breve tiempo lo que sucede en días; en el segundo, se resume un devenir de horas. Y ambos van prácticamente seguidos, lo que podría resultar chocante de no mediar la inserción de bloques musicales distintos (un tema musical y una canción, respectivamente). Cada uno resuelve su montaje de secuencias elípticas, pero el hecho de que en los dos haya música distinta se explica por la necesidad de diferenciarlos entre sí, porque los acontecimientos son distintos y para evitar la confusión que podría producirse en el supuesto de que la música fuese similar. Quedan, así, claramente distinguidos e individualizados.

Alargamiento o intensificación de la secuencia

Dentro de unos límites razonables, una buena música puede sostener una secuencia más allá de lo argumental y hacer que su duración se extienda más de lo que podría de no mediar su aplicación. Ya vimos cómo se hizo en el caso de *Per qualche dollaro in più*, pero no es imprescindible recurrir a trucos. Lo importante es que si se desea alargar una secuencia se ha de hacer con algún motivo justificado, ya sea con propósitos enfáticos, para generar tensión o para aprovechar la riqueza visual o dramática de la propia escena. Un método muy elemental para alargar una secuencia es ralentizarla, hacer que la imagen vaya más lenta de lo normal y que, así, dure más. Entonces, si la música aparenta estar también ralentizada el efecto obvio es el de que se explica lo mismo, pero en mayor tiempo. Es lo que sucede en la escena final de *Obsession* (1976), de Brian De Palma, donde la partitura de Bernard Herrmann acompasa el ritmo de unas imágenes a cámara lenta, convirtiendo así en larga una secuencia que, en circunstancias normales, duraría muy poco. El propio Herrmann aplicó en su carrera una fórmula más sutil para extender la duración de una escena y, en su caso, provocar inquietud. Lo hizo con músicas irresolutorias, que se extendían sin visos de finalización: cuando parecían concluir, volvían a empezar, en una suerte de repeticiones circulares en las que la música, llegado a un punto concreto, volvía a su inicio, y así indefinidamente. Es algo que puede apreciarse en el tema incial de *Vertigo*, en la secuencia del monte Rushmore de *North By Northwest* o en *Taxi Driver*, entre otras, con melodías sin resolución lógica, sino que se autofagocitan, se repiten una y otra vez, manteniendo una impresión de que aquello no se acaba, de que cuando parece llegar a algo, vuelven al punto inicial. Cinematográficamente, los resultados son sobresalientes: dan una desalentadora impresión estática y, por supuesto, provocan una gran dosis de angustia, porque en esas situaciones lo que se espera es una conclusión aliviadora, algo que permita relajarse y sentir que *esto se ha acabado*. Pero Herrmann no lo hizo así, y por ello contribuyó tanto a mantener y extender casi indefinidamente secuencias enteras.

Si una música es agradable, difícilmente se reprochará su presencia, incluso cuando se detenga la acción, dentro de unos límites razonables. Lo podemos comprobar en cualquier película en la que se retraten vistas hermosas donde la música campe a sus anchas, como en *Out of Africa* o, por supuesto, en filmes donde apenas haya diálogos. En esos casos, la cámara puede detenerse más tiempo a retratar lugares naturales o acompañar a los personajes mientras deambulan por bellos paisajes porque la música sirve de refuerzo y hace más paciente al espectador, si está disfrutando de lo que ve y escucha. En sentido parecido, la secuencia de la construcción de la granja en *Witness* (1985) está edificada en función de la música de Maurice Jarre, y no al revés, por lo que puede estar más extendida de lo que sería normal. Lo mismo sucede en escenas de persecuciones de filmes policíacos o similares, que naturalmente se apoyan en el frenesí de la acción, pero que también se sostienen por un adecuado acompañamiento musical que permite que den más de sí y puedan alargarse sin riesgo de provocar saturación: ahí están las intensas secuencias de persecución de *Bullitt* (1968), realzadas en buena medida gracias a la música de Lalo Schifrin.

Si una música logra ser más sugerente o emotiva que la escena en la que se aplique –y puede ser algo intencionado–, entonces raramente el espectador reprochará que la secuencia se alargue tanto como dure esa música, porque será bien recibida. Son ocasiones en las que la melodía resulta incluso más importante que la propia imagen para establecer un ambiente determinado, generalmente porque lo narrado en imagen es elemental o mínimo, pero se hace más amplio, trascendente o intenso por mediación de la música. En *Dressed to Kill* (1980), por ejemplo, hay una larguísima escena en el interior de un museo, donde todo lo que acontece es una mujer y un hombre que intercambian miradas y se siguen por las galerías y pasillos. Con la partitura de Pino Donaggio se genera un sentimiento de deseo creciente, de pasión y cierta intriga, que aumenta en el transcurso de la secuencia. La acción es mínima y la escena se haría latosa de no mediar la intervención de una música que hace viable y asumible su larga duración. Y del mismo modo que la música puede alargar una escena, también puede darle una mayor intensidad o dinamizarla, bien sea extendiendo la secuencia o sin hacerlo. Uno de los ejemplos clásicos es el de *The Magnificent Seven*, tal y como explicó Bernstein: «*cuando la ví por vez primera me pareció demasiado lenta. Así que decidí escribir una música enérgica, para que fuera más dinámica*». En *Lawrence of Arabia* hay una secuencia que cobra especial significado, la del hombre desmayado en el desierto y al que el protagonista salva arriesgando su propia vida. A medida que el joven vigía del campamento va observando sorprendido cómo la imperceptible sombra que aparece en el horizonte es la de Lawrence, el tono de la música se va incrementando progresivamente, hasta llegar a su máximo éxtasis en el encuentro, donde se alcanza unas cotas de espectacularidad y emotividad pocas veces conseguidas en la historia del cine. La clave de ese momento, además de la propiamente musical, fue la acertada decisión del director y del compositor de iniciar los primeros acordes del tema avanzándolos un poco a la acción de la escena, de tal manera que la partitura ya estaba participando en la euforia del momento antes de que este comenzara a vislumbrarse. En un sentido más concentrado, una secuencia breve pero intensa puede resultar aún más contundente con una música adecuada. Un referente imprescindible es la escena inmediatamente previa a la llegada de los malos en *High Noon* (1952), donde se intercalan las imágenes de un reloj con la reacción de preocupación o miedo de todos los personajes del filme. La secuencia es contundente y goza de gran poder por sí misma, por su impecable labor de montaje, pero gana muchos enteros con la poderosa y despiadada música de Dimitri Tiomkin, quien, en un muy breve período de tiempo, genera una enorme tensión.

Hay opciones más sutiles, que surgen de la relación sincrónica entre el movimiento de cámara y música. Así, lo habitual en los movimientos de cámara es que la música acompase lo que muestra de manera que, en cierto modo, la música va *por detrá*s de lo visual. Es lo que sucede al inicio de *Psicosis*, donde la música acompaña un trávelling que lleva al interior de un motel. Pero cuando sucede al revés, es decir, que la cámara siga a la música, y a así esta vaya *por delante* de lo visual, el efecto de intensificación se hace evidente y lo que la cámara quiere mostrar se convierte en algo mucho más importante. Ocurre en los primeros instantes de *Citizen Kane*, en los que la música lleva de la mano al espectador desde un plano general de la mansión de Kane hasta la bola de cristal, o también en la secuencia en la casa del magnate cinematográfico de *The Godfather*: partiendo de un plano general de la casa, suenan los primeros acordes del tema principal, indicando que el Padrino –sus matones– han estado allí para ejecutar una venganza. A medida que se intensifica la música, la cámara va acercándose, hasta llegar al lecho del productor, que descubre horrorizado la cabeza de su caballo entre las sábanas. Es la música la que lleva al espectador y la cámara se limita a seguir la senda trazada. El resultado obtenido es de una mayor intensificación de la acción.[81]

VI. La Técnica

El proceso de creación ha de seguir unos pasos en los que el compositor debe no sólo escribir la música que se va a emplear, sino hacerlo pensando –en principio– en el ritmo y tiempo de las imágenes, así como emplazarla en el lugar apropiado, aunque de esto último sean a menudo otros los que se ocupen. En este apartado detallaré los principios básicos que han de dominar este proceso, que abarca desde el momento en el que el compositor tiene las primeras informaciones de la película en la que va a trabajar hasta que su música suena en las salas del cine. No hay un modelo único de operatividad, pero el objetivo final siempre es el mismo: que la música sirva a los propósitos para los que ha sido solicitada.

Criterios de elección musicales

Antes de abordar el proceso, hay que concretar el estilo o estilos a ser empleados, para la definición estética y dramática de la película. El cine ha sido permeable a todos los existentes, desde los tradicionales a los experimentales, incluso a fusiones. Y aunque la tolerancia es amplia, no es

---

[81] Mención especial merece lo aportado por Carl Stalling, quien revolucionó el cine de animación por la precisa sincronización de su música con el movimiento de los personajes, dinamizando la acción. El *método Stalling*, conocido como *mickey-mousing* por haberlos aplicado en los cortos del ratón Mickey, acabaría por ser un referente.

menos cierto que algunos han conocido sus límites. La historia de la música en el cine ha sido, en realidad, un proceso selectivo en toda regla. Y es que el único condicionante siempre ha sido la adecuación a las necesidades de la película. Partiendo de esta premisa, la decisión del estilo o estilos puede ser condicionada o no. Será condicionada cuando la opción se tome en base a razones geográficas, históricas o argumentales, y voluntaria si lo es al margen de esos criterios. Es decir, que si una película transcurre en el siglo XVIII la música elegida podría ser barroca si se pretende que la partitura ambiente la época, pero la aplicación de música barroca no es obligatoria *per se*: en muchos casos se ha empleado música contemporánea en películas históricas.

El primero de los criterios condicionantes es el geográfico o localista: la música es la del lugar donde transcurre la acción. *Alexis Zorba* (1964), de Michael Caccoyannis con partitura de Mikis Theodorakis, tiene la lógica música helénica porque la película transcurre en Grecia; como hay música india firmada por Ravi Shankar en *Gandhi* (1982), de Richard Attenborough, o mexicana en *Frida* (2002), de Julien Taymor con banda sonora a cargo de Elliot Goldenthal. Los criterios geográficos de la música y la música étnica en general son bastante determinantes, pues no tienen demasiado sentido aplicados fuera de su contexto: en *Gandhi*, por ejemplo, sería inconcebible escuchar la música de *Frida* – salvo que el filme tuviese un personaje mexicano, que no es el caso– pero la música de *Frida* sí podría sonar en cualquier otra película ambientada en México.[82] Pero no por ello este criterio es exclusivista, ya que esa música puede ser compatible con otros estilos, especialmente si lo que se pretende es trascender lo localista. Puede prescindirse del condicionante geográfico y no incorporar música localista: no por transcurrir en Japón debe sonar música nipona. Es entonces cuando el criterio de elección no es condicionado. En *Death on the Nile* (1978), película de John Guillermin que

---

[82] Eso siempre y cuando no sea integrada, tal y como vimos.

acontece en Egipto, no hay música egipcia. Por contra, Nino Rota trabajó con música occidental.[83]

Algo similar sucede con el segundo de los criterios condicionantes, el histórico. Con el mismo se pretende dotar al filme de una música adecuada a la época en la que transcurre la acción. Así, una película medieval llevaría música medieval o una que se ambientase en los locos años veinte podría estar llena del fox-trot, jazz, etc. Sin embargo, el cine da licencia para la invención, si no se tienen datos precisos de la música del período o si no existe ese período, al ser ficticio. Recuérdese las invenciones musicales en *Ben-Hur* (1959), de William Wyler con música de Miklós Rózsa, *Planet of the Apes*, con partitura de Jerry Goldsmith, o *Blade Runner* (1982), de Ridley Scott y música de Vangelis. En estos casos se hizo una clara apuesta: escribir una música que el espectador identificase como la propia del período que se narra en el filme, lo que resulta más fácil en películas futuristas, dada la inexistencia de referentes, pero que en aquellos supuestos en los que sí existen, aunque sean mínimos, también resulta válido si ayuda a ubicarse. Pero la precisión histórica no es un imperativo; bien al contrario, podría llegar a ser un lastre por la textura de determinadas músicas, pero especialmente por sus posibles dificultades expresivas o emotivas. La anacronía no es una falta grave, al menos si se tiene presente que el cine, en sí, juega la baza de la *irrealidad* para presentar una realidad ficticia. La banda sonora de *Il vangelo seccondo Matteo* (1966), de Pier Paolo Pasolini, es absoluta y descaradamente anacrónica: se sustenta en música original de Luis Bacalov y preexistente de Bach. ¿Cuáles fueron los criterios que primaron?. ¿Los del rigor histórico o los religiosos?. De haber fomentado los históricos, estaríamos ante una banda sonora adecuada a su tiempo, pero sin la fuerza dramática y evocativa que sí se logró con la música de Bach, escrita un buen puñado de

---

[83] En este caso, había una razón de peso: los personajes protagonistas son americanos y europeos, y prevaleció este criterio sobre el geográfico.

siglos después de la época de Jesucristo.[84] Igual sucedió con la versión que dirigió Franco Zeffirelli de *Romeo & Juliet* (1968). Nino Rota edificó una apabullante banda sonora en la que recurrió a instrumentación de la época pero aplicada en melodías contemporáneas. Eso ayudó a sintonizar con el público joven del momento, sin hacer por ello concesiones a lo comercial. E incluso en *Braveheart* (1995), de Mel Gibson, en la que las referencias históricas en la música de James Horner fueron sólo el punto de partida para la construcción de una música del siglo XX. Si Rota o Horner hubieran optado por el rigor histórico de sus músicas, las películas no hubiesen tenido la misma aceptación.[85] Puede también prescindirse por completo del condicionante histórico y no incorporar música de época. En otras palabras: no por transcurrir en los sesenta debe sonar música de esos años. Es entonces cuando el criterio de elección no es condicionado. En *Chariots of Fire* (1981), película de Hugh Hudson que acontece en los años veinte, no hay música de la época. Por el contrario, Vangelis trabajó con música electrónica.

El tercer criterio condicionante es el argumental, que va más allá de lo geográfico o histórico (si bien estos dos están naturalmente relacionados con lo argumental). Me refiero a este cuando alguno o algunos de los personajes de la película mantienen relación con un género musical. Por ejemplo, si son músicos o si gustan de escuchar esa música. El jazz está presente en *The Man with the Golden Arm* porque el personaje central quiere tocar esa música; el 'Concierto de Mandolinas' de Vivaldi protagoniza parte de la banda sonora de *La mariée était en noir* (1967), de François Truffaut, porque la protagonista lo escucha. Este condicionante se acerca a los postulados de la música necesaria porque, al contrario de lo

---

[84] Pasolini, además, primó en realidad la obra homónima de Bach sobre la contextuación histórica.

[85] Es una cuestión de prioridades: ¿interesa más el contexto histórico o la esencia del relato?. Muchas películas de época relatan, en realidad, temas universales, por lo que la música puede prescindir, de esos criterios.

que sucede con el geográfico y el histórico, difícilmente puede prescindirse del argumental y no incorporar música que esté relacionada con el mismo, porque la película sería menos explicativa.

Cuando se opta por una aplicación no condicionada de la música, son muchas las posibilidades. Sin embargo, algunos géneros presentan más limitaciones cinematográficas que otros. Pero antes es necesario hablar de la melodía, prácticamente desterrada en la música contemporánea y en los conservatorios, pero que sigue conservando su vigencia en el cine. No corresponde aquí explicar el porqué se considera superada o agotada en la creación compositiva actual, pero sí es necesario reseñar que, en todo caso, el cine sigue necesitándola. Una de las razones es su sencillez estructural, cómoda para establecer ambientes generales asimilables. Tal ha sido su importancia que, ya en los cuarenta, el compositor Hanns Eisler se quejaba de que «*la exigencia de lo melodioso a cualquier precio y en cualquier ocasión ha frenado más que cualquier otra cosa la evolución de la música en el cine*».[86] Eisler se refería a un cierto estancamiento en los modos y formas, pero lo cierto es que el cine ha sido muy tolerante con cualquier otro modo y forma que no sea el melódico, y que lo no melódico ha funcionado también estupendamente. Eso sí, hay que tener presente la relativa inevitabilidad de lo melódico: son muchos más los estilos musicales que aprovechan la melodía que no los que la descartan. Y, además, es un arma emocional de gran calibre: en una melodía es más fácil condensar los elementos básicos de un personaje o película y así poder transmitirlos con mayor eficiencia, haciendo que esos elementos sean comprensibles y asumibles. Una buena melodía puede llegar a ser más útil que los diálogos para cumplimentar esos propósitos. Lo hemos visto cuando abordé la música necesaria y lo vemos en *The Fall of the Roman Empire* (1964), bellísima película de Anthony Mann. Dimitri Tiomkin

---

[86] Adorno, T. y Eisler, H., Op.cit. P. 23.

escribió un tema inicial en el que se condensaba auténticamente la esencia dramática de todo el filme: un motivo melódico sencillo, romántico, repetido dentro del mismo tema y adornado con un instrumento tan poderoso como el órgano y otro tan delicado como la cítara. Ese tema– que presenta el filme que se ha de ver– lo resume todo: la solemnidad de un período histórico concreto, pero especialmente la tristeza por el amor de los dos protagonistas, condenado a lo fatídico por el entorno hostil y que encuentra finalmente su liberación. Un imperio que se derrumba; un amor que logra sobrevivir... todo ello, expresado por la música.

Otro motivo importante que ha justificado la frecuente presencia de melodía en el cine, más allá de las razones artísticas, son las comerciales. Y en este punto me atrevería a variar la frase de Eisler y decir que: «*las exigencias comerciales a cualquier precio y en cualquier ocasión han frenado más que cualquier otra cosa la evolución de la música en el cine*».[87] Lo cual no significa, no debe significar, que lo comercial esté reñido con la calidad, o que una música *comercial* no pueda situarse en su máximo punto de *utilidad* en su aplicación cinematográfica, naturalmente. Pero como afortunadamente el cine da cabida a todo, también la música no melódica ha encontrado su espacio para desarrollarse en el cine, en solitario o en combinación con lo melódico.

La música sinfónica reina en el cine. Y lo hace tanto por ser la más recurrida como por su polivalencia: tanto puede ser empleada en el drama como en la acción, el terror, el western, lo histórico, lo romántico... se adecúa a cualquier género. La música sinfónica –debería precisar más y decir *las* músicas sinfónicas– aderezan lo espectacular, intensifican las emociones, solemnizan lo visual y, lo que es más importante, llegan con facilidad a los espectadores. Así, desde el

---

[87] Téngase presente que en la época en que fue escrito el libro de Eisler, los años cuarenta, no se daba el factor comercial en la música de cine. Pero estoy completamente seguro que, de haberlo escrito diez o quince años más tarde, Eisler hubiera suscrito la frase.

sinfonismo clásico de Korngold o de Prokofiev hasta el contemporáneo de James Newton Howard o Roque Baños ha pasado entera la historia del cine sonoro. Han cambiado quizás las formas, pero las intenciones siguen siendo las mismas, o al menos similares. Las partituras con poderío orquestal han beneficiado en incontables ocasiones las películas en las que se ha aplicado: pueden llegar a hacer más grandes, más fuertes o más intensas aquellas imágenes que se pretenden –o son– grandes, fuertes o intensas, pero también enfatizan emociones concretas de los personajes o de las situaciones que plantee una secuencia. Su campo de acción es tan amplio que su empleo en el cine ha acabado siendo estático, poco evolutivo, al menos en comparación con otros estilos. Pueden haber cambiado las formas, pero todas sus intenciones han sido ya explotadas. La música sinfónica no es, en absoluto, la máxima cota que puede alcanzar una partitura: en otras palabras, no por ser sinfónica es mejor, ni en términos musicales ni por supuesto en los cinematográficos. De hecho, no en pocas ocasiones algunos se escudan en ella para hacer menos evidentes sus limitaciones como creadores.[88] Pero lo cierto es que ha sido, es y seguirá siendo una buena herramienta de actuación, aunque obviamente funcionen y muy bien muchos otros estilos, dependiendo de las circunstancias: el jazz –que sí ha evolucionado en su aplicación intencional a lo largo de la historia del cine– el pop, el rock, la música electrónica y la electroacústica, el *new age*, la experimental, o tantas otras que, en algún momento, han resultado de utilidad.

Otro tema es el de las canciones. La canción es, en sí, un género dentro la música cinematográfica, que pone palabras a la música, incluso la hace no ya más explicativa,

---

[88] Hay tendencia, en varios de los músicos norteamericanos actuales, a primar partituras sinfónicas que resultan excesivas. Cierto es que los criterios comerciales condicionan, y la música sinfónica se ha convertido en comercial, pero no lo es menos que las limitaciones se evidencian con mayor facilidad ante formaciones pequeñas (de cámara, cuartetos, etc.), pues no pocos defectos se han escondido entre los apabullantes sonidos de una orquesta de 70 u 80 músicos.

sino diáfanamente explícita. Una melodía de amor, puede expresar infinidad de sentimientos; con letra, se pueden llegar a concretizar esos sentimientos porque, en realidad, la canción siempre explica algo. Este factor explicativo es evidente en el cine musical, pero también lo es en cualquier otro en el que se aplique, salvo cuando su existencia se deba a razones comerciales desvinculadas del filme. En sí misma no es el máximo grado de expresividad que puede alcanzar una música, pero puede llegar a serlo, dependiendo de su empleo y de las intenciones que se vuelquen en su uso. Todo lo que he explicado en torno a la música de cine es aplicable a las canciones: es decir, que puede ser necesaria o creativa; original, preexistente o adaptada; tener un empleo diegético o incidental; ser empática o anempática; estar o no integrada, funcionar como tema central, contratema, tener cualquier nivel dramático y argumental o ser repercutida. Puede dejar de ser canción para convertirse en música instrumental o a la inversa. Sin embargo, especialmente desde los setenta, muchas veces su uso se desvirtúa y sólo dominan las pretensiones comerciales, sin que su presencia tenga otro sentido que el de su venta o el de promoción. Son estas canciones no justificadas que suelen romper la unidad de criterio estilístico del conjunto de la música, suponen una pesadilla para los compositores a los que se las imponen o se insertan en los lugares más inadecuados... eso si realmente llegan a aparecer en las películas. Eso no significa, naturalmente, que las intenciones comerciales sean, en sí, un despropósito. En no pocas ocasiones una canción ha conjugado el servir a la película y venderse con éxito en las tiendas. En el lado opuesto, todas esas canciones exclusivamente comerciales pueden ser insertadas en otras películas sin que importe nada. Las opciones en su uso son, pues, variadas.

Los preliminares en la composición

Cuando a un compositor se le pide escribir una partitura, o bien cuando contractualmente es obligado (como en el

Hollywood de la época en la estaban a las órdenes de los estudios), lo primero que debe tener presente es de qué trata el filme, y poder así determinar por dónde va a ir encaminada la música. Tanto si se está ante un drama, una comedia o ante una película de terror, la partitura deberá servir al largometraje, para acompañar o incrementar el romanticismo, el frenesí o la angustia, pero en ningún caso deberá participar en la historia de forma independiente, sin tener en cuenta que su existencia está estrechamente condicionada por la película. Por ello, es tan importante el diálogo con el director, que es quien, en principio, debe informarle de aquello que cree que va a necesitar. El diálogo con el director, tan importante, no siempre se produce de acuerdo con las necesidades de un compositor: no son pocas las ocasiones en que la impericia o la torpeza de un realizador –o, para más ser justos, circunstancias de producción ajenas– hacen que un compositor se involucre en una película en el último momento, sin que apenas haya ocasión para diálogo. Lo cierto es que cuanto antes esté involucrado, más facilidades tendrá. Aunque el resultado pueda ser igualmente óptimo haya habido o no diálogo fluido, hay una notable diferencia entre el trabajo de un compositor que entra en la fase de preproducción o producción al que participa sólo en la postproducción. Una de ellas, quizás la más importante, es que el compositor llamado en los últimos momentos se encuentra con una película ya rodada y montada, lo que puede llegar a limitar el campo de actuación de su música incluso a un mero *parcheado* sobre las imágenes, y se le hará más difícil participar activamente en la construcción secuencial o, incluso, en la definición de personajes. Siendo esto importante, aún lo es más la actitud que tome el director, según espere colaboración o mera obediencia. En este último caso el riesgo es grande, ya que un *director/dictador* que imponga criterios musicales a un compositor puede llegar a perjudicar su propia película, especialmente si carece de los conocimientos musicales necesarios o si no confía en el poder de la música.

En circunstancias normales (es decir, que el diálogo con el realizador sea fluido y constructivo), la primera función es pensar cómo ha de asistir mejor a la película, lo que de por sí conlleva dificultades, tal y como indicó Elmer Bernstein: «*el mayor problema es tomar la decisión inicial sobre la evaluación musical de la película. Se debe decidir qué es lo que la música ha de hacer*»[89]. En esa evaluación se deben resolver las cuestiones como el tipo de música que necesita el filme, la cantidad, si va utilizar música original y/o preexistente, si su empleo va a ser necesario y/o creativo, incidental y/o diegético, si se recurrirá a música integrada, empática y/o anempática, la cantidad de temas, subtemas o contratemas y el dónde, el cómo y el por qué. En otras palabras, todo lo que permita que la música que se vaya a crear alcance su máximo grado de utilidad. Por ello, cuanto antes participe en el proceso creativo, con mayor comodidad podrá desenvolverse.

La composición

«*Si la película es buena, se espera del compositor que limite su talento; si es mala, que realice un milagro*».[90]

Virgil Thompson

Ya vimos cómo un compositor puede escribir con relativa libertad o bien estar sometido a las presiones del director. El proceso de escritura es generalmente solitario, que requiere su tiempo, al igual que sucede con el guión, lo que no sucede con la interpretación o la fotografía, por ejemplo. No son pocas las veces en las que el director –temeroso de lo que pueda surgir de ese aislamiento que necesita el compositor– le muestra modelos musicales con indicaciones al estilo «*quiero que escribas una música que sea parecida a esta*». En ocasiones, eso puede ayudar a dar con el estilo buscado,

---

[89] Thomas, «Music for the Movies». pp. 191
[90] Thomas, «Music for the Movies». p. 19

pero en otras se llega a pedir prácticamente una copia. Los modelos pueden convertirse en un punto de referencia que acabe siendo descartado por el propio compositor. Maurice Jarre padeció lo indecible durante semanas a causa de una canción folklórica rusa que David Lean le presentó para que le inspirara la banda sonora de *Doctor Zhivago* (1965): «*Cada vez que le mostraba a David Lean un nuevo tema, él lo rechazaba diciendo que lo podía hacer mejor. Llegué a escribir cuatro distintos temas, pero ninguno de ellos fue de su agrado. Empecé a sentirme deprimido y entré en pánico porque el tiempo se me echaba encima. Entonces, un viernes, David me dijo que dejara de trabajar y de pensar en la película y en la música, y que me fuera el fin de semana a la playa o a la montaña para relajarme y comenzar de nuevo el lunes. Lo hice (...) y llegado el lunes me di cuenta que la estupidez estaba en ese modelo. Debía intentar algo totalmente diferente, y escribí una especie de vals (...). En una hora de la mañana del lunes encontré el tema de Lara, que era totalmente opuesto al modelo original*».[91]

Un modelo musical puede ser un lastre, pero muchas veces resuelve problemas de comunicación entre el director, especialmente si el primero no sabe nada de música. Por eso es tan importante que exista una fluida comunicación y por ello han funcionado tan bien algunas relaciones profesionales que se han mantenido a lo largo del tiempo. En realidad, el verdadero peligro son los *Temp-Track* (abreviatura de *Temporary Track*, o Cortes provisionales). Son músicas preexistentes que se aplican en el montaje para ver cómo funcionan. El problema es que, cuando funcionan, muchos compositores se las ven y las desean para intentar convencer a directores o productores que no le exijan escribir una música *igual* a esos *Temp-Tracks*.

Otro tema que ha generado y sigue generando debate es cuándo debe ser escrita una partitura, y las posturas son

---

[91] Revista «Soundtrack!». Vol. 3, n° 12. Diciembre 1984. p. 8.

divergentes y válidas: ¿se puede escribir antes incluso de rodar la propia película?; ¿debería hacerse durante el proceso de filmación?; ¿un compositor ha de ver la película rodada y montada para empezar a trabajar?. Antes de abordar cada posibilidad, conviene dejar claras dos cosas: en primer lugar, que en la historia del cine ha habido y hay extraordinarias partituras que han sido escritas en los tres posibles períodos (antes, durante y después); en segundo lugar, y es lo importante, que lo que cuenta es el resultado... si la partitura es buena, ¿qué importa cuándo ha sido escrita?. Cierto es que una partitura escrita antes de que la película haya sido rodada o montada, deberá ser ajustada o arreglada para que pueda acoplarse, proceso que probablemente no deba pasar quien trabaje sobre película montada. Pero son diferencias de métodos de trabajo y lo que cuenta es que lo que hecho (no importa cuándo) sea lo adecuado. Veamos algunos supuestos en los que es casi un imperativo escribir la música antes, durante o después de ser creada la película, pero señalo que en muchas ocasiones una partitura se escribe a lo largo de esos tres períodos.

1. Música escrita antes de la película.

Hay supuestos en los que resulta imperativo escribirla antes de que se ruede una película. Uno obvio son las canciones en un filme musical, pero hay más: aquella que va a ser interpretada diegéticamente o que se necesite porque algún personaje se refiera específicamente a ella. No son supuestos absolutos, pues puede llegar a darse el caso que, aunque un personaje aparente estar tocando una música, haya sido escrita con posterioridad a la filmación de esa secuencia, pero es más práctico hacerlo antes. También hay casos en los que quiere consagrarse una secuencia al poder de la música, y a veces conviene planificar la escena conociendo de antemano esa música. Toda la escena final de *The Red Shoes* (1948), por ejemplo, es un ballet con música de Brian Easdale que, como es más que razonable, fue escrita antes de ser rodada. Pero si hay un ejemplo más que notable de director que quiso tener la música antes de empezar a rodar, y de compositor que comprendió perfectamente sus motivos, fue el de Sergio Leone en todos sus filmes cuya música firmó Ennio Morricone. Hubo dos razones básicas, ambas de importancia: en primer lugar, tener la música de antemano iba a permitir planificar escenas completas en función de esa música, de tal modo que pareciese que esas eran secuencias *coreografiadas*, de gran belleza. En segundo lugar, porque Leone siempre entendió que la música era la extensión natural de los personajes, de modo que con ella los hacía más comprensibles y les daba una dimensión más amplia, etérea, incluso religiosa. Y si un actor debía conocer de antemano sus diálogos para entender el personaje, ¿cómo no debía conocer también qué música iba a ser el *alma* de su personaje?. Por ello, Leone hacía escuchar a sus actores la música de Morricone.

2. Música escrita durante la creación de la película.

En una secuencia de *La nuit americaine*, la secretaria de François Truffaut recibe una llamada telefónica que le pasa al director: *Es Georges Delerue*, le dice. *Hola, George*, saluda Truffaut. *Tengo la música de la película. ¿Quieres escucharla?*, le dice el compositor. *Sí, pónmela*, responde Truffaut. Suena música por el teléfono y Truffaut dice: *Estupenda, Georges. Estoy muy contento. Gracias*. Y cuelga el teléfono. Esta película, considerada como la más representativa del *cine dentro del cine*, mostró el proceso de rodaje de una película y, con ella, la participación de un compositor en ese mismo proceso. Salvo que un compositor no sea llamado en el último momento, con la película rodada y montada, su vinculación suele ser paralela al rodaje de la misma. Así, mientras el director rueda, el compositor escribe. Y del mismo modo que un guión puede ir cambiando a medida que se avanza el rodaje, el compositor tiene la oportunidad de reescribir o cambiar sobre la marcha, a sabiendas de que su obra deberá ajustarse con la obra fílmica final. En cierto modo, película y música se gestan paralelas, siempre y cuando el compositor tenga acceso al material grabado o pueda asistir a ensayos y rodajes. La creación musical paralela tiene muchas ventajas y pocos inconvenientes, ya que el compositor puede disponer de información de primera mano, tiempo y, lo que es más importante, llegar a hacer sugerencias decisivas al director (o recibirlas). En la sala de montaje se determina cómo va a ser la película, y el compositor podrá entonces ajustar su música, pero si esta ha sido creada absorbiendo los elementos del filme naciente, todo puede resultar más fácil y cómodo. *A pie de cañón*, un compositor que conozca el oficio puede ayudar al director a tomar decisiones importantes, como la de suprimir diálogos innecesarios, facilitar elipsis, tránsitos o cualquier otro recurso en el que pueda tener un papel activo. Eso sí, siempre y cuando el realizador sea permeable a sus sugerencias. En esas circunstancias, el compositor puede ir recibiendo los estímulos de la película que se está gestando, para luego plasmarlo en los pentagramas. Después de todo, tal y como señaló el director Robert Aldrich, «*creo que el músico es una extensión del director*».[92]

Por todas esas aportaciones es tan útil contar con el compositor cuanto antes. Ello redunda en, por ejemplo, poder montar partes de la película en función de la música mientras se rueda: el compositor puede haber creado su música a partir de un primer montaje o un esbozo, y en el montaje definitivo o se le pide que ajuste su música o se le pide al montador que ajuste su trabajo. Sucedió en *Citizen Kane*,[93] en *La edad de la inocencia* o en *E.T. The Extraterrestrial* (1982), con secuencias montadas en función de la música, y no al revés.[94] Ahora bien, este proceso puede tener el inconveniente de que la realización del filme sea caótico o

---

[92] Karlin, F.: Op.cit. p. 12

[93] Dijo Herrmann: «*de esta manera, tenía la sensación de que la película estaba siendo edificada, y que mi propia música formaba parte de esa edificación*» (CD «Citizen Kane». Preamble).

[94] Respecto a *The Age of Innocence*, me comentó Elmer Bernstein que: «*cuando se acabó mi trabajo (Scorsese) llegó a montar partes del filme en función de la música, como es lo que pasa en las secuencias del matrimonio, la luna de miel o la del paso del tiempo. Así que hubo un verdadero matrimonio entre la imagen y la música. Eso es lo mejor*».

que se sucedan montajes provisionales que no conduzcan a otra cosa que a la confusión del compositor y que este pueda llegar a rezar para que le entreguen el material definitivo. Pero incluso este tipo de circunstancias puede ser normal en la elaboración de un filme.

3. Música escrita después de la película.

Sucede –por desgracia, con demasiada frecuencia– que acabado el rodaje de una película y montada ya, algunos recuerdan que la película necesita música. Es entonces cuando acuden con prisas al compositor y le piden un trabajo rápido, eficiente, casi milagroso, porque la película tiene una fecha de estreno y se ha de llegar a ella. El compositor siempre deberá hacer ajustes con respecto al montaje final, pero desde luego le resultará todo más fácil si trabaja sobre lo ya escrito que si ha de partir de cero. Hay ocasiones en que no hay más remedio que trabajar sobre imagen ya montada, porque el ajuste debe ser, más que preciso, milimétrico. Sucede por ejemplo en los filmes de animación, aunque puedan haberse hecho previamente esbozos detallados de la música. La clave de una música escrita con posterioridad al montaje del filme está en el tiempo concedido al músico. Es posible que, aunque ciertamente un compositor ya no pueda hacer sugerencias importantes, esas sugerencias *perdidas* no sean tan necesarias, y sí en cambio otras a posteriori que pueden beneficiar el filme si el compositor dispone de tiempo o si el director es tolerante. Ya mencioné la decisión de Elmer Bernstein de dinamizar *The Magnificent Seven* o la de Philip Glass de homogeneizar con extensos bloques musicales *The Hours*. Pero se logró porque dos directores comprendieron la necesidad del músico de disponer de tiempo. Y no siempre sucede así.

Las premuras de tiempo han constituido siempre la principal lacra para los compositores. Acabada la película, se espera que la post-producción (en la que se incluye la banda sonora) se haga de forma rápida. La dificultad principal que debieron sortear la mayor parte de los compositores de

Hollywood en los años treinta y cuarenta fue la enorme cantidad de trabajo encomendado y el escasísimo tiempo de que podían disponer, penosa circunstancia que se mantuvo casi inalterable y con contadas excepciones hasta el final de los días de los grandes estudios, ya en los cincuenta. Max Steiner, por ejemplo, abandonó la RKO por ese motivo, pero las cosas no mejoraron. Así describió, quizás exageradamente, su tormentoso trabajo para *Gone with the Wind*: «*escribí 3 horas y 45 minutos de música original para* Gone with the Wind, *así como la partitura de otra película, y supervisé la grabación de ambas; y todo en el espacio de cuatro semanas. Lo conseguí durmiendo tan sólo 15 horas en ese período y trabajando sin descanso el resto del tiempo. No puedes ser Beethoven en esas condiciones*».[95] Dimitri Tiomkin también lo padeció: «*para escribir la música de* The Alamo *me dieron cuatro semanas, y para* The Guns of Navarone *me han dado cinco. Esta forma de trabajar destroza mi salud y perjudica mi corazón*».[96] Por su parte, el hijo de Franz Waxman describió así cómo distribuía su padre el tiempo: «*Se levantaba muy temprano para trabajar en una banda sonora con jazz contemporáneo para la película* Crime in the Streets *hasta el almuerzo. Tomaba un descanso y se ponía con un western de Kirk Douglas llamado* The Indian Fighter *hasta la comida, y entonces hasta la cena se dedicaba a* The Spirit of St. Louis, *la película sobre Lindbergh. Segmentaba su trabajo para no volverse loco*».[97] Finalmente, Victor Young fue más pragmático: «*no entiendo el motivo por el que cualquier compositor experimentado ha de involucrarse en un medio como el cinematográfico, que exige la exactitud de Einstein, la diplomacia de Churchill y la paciencia de un mártir. Aún así, tras haber realizado unas 350 bandas sonoras, no conozco otro medio musical que ofrezca tantas oportunidades, retos, apasionamiento y creatividad para trabajar*».[98]

---

[95] Karlin, F.: Op.cit. p. 192

[96] Bona, D. y Wiley, M.: Op. cit. 322.

[97] Karlin, F.: Op.cit. p. 25.

La presencia de orquestadores ayudó a paliar dificultades y los departamentos estaban organizados para una producción rápida de la música. Sin embargo, otro de los grandes problemas –este sin solución– es que a los compositores se les exigía escribir mucha más música de la que realmente era necesaria, lo que además de menguar la eficacia de la que era necesaria resultaba torpe. Esto es fácilmente apreciable en muchos de los filmes de la época y no se relajó hasta mediados de los cincuenta. Por el contrario, los compositores que disponen del tiempo necesario pueden llegar a dar lo mejor de sí y, consecuentemente, beneficiar la película de modo espectacular.

El proceso posterior a la composición

«*La inmortalidad de un compositor se pierde en el camino entre la sala de grabación y la de sonorización*».[99]

Erich Wolfgang Korngold

Cuando el compositor vence los obstáculos que se encuentra para escribir su música, ésta debe cumplir aún unos pasos para ser insertada en la película. En primer lugar ha de ser orquestada –si no lo ha hecho antes– y grabada. Después, deberá ajustarse y sincronizarse con el tiempo real de las escenas. Finalmente, se añadirán los efectos sonoros. La orquestación no es necesariamente una responsabilidad del propio compositor. Dadas las premuras de tiempo existentes, suele ser habitual que, a la par que se escribe la música, otro profesional se ocupe de ir orquestándola. En el Hollywood de antaño éste era el sistema normal, pues permitía una mayor productividad a los autores, quienes, en algunas ocasiones, no tenían control sobre sus orquestadores (a veces, se encargaban de ello los jefes de los departamentos musicales,

---

[98] Thomas, T.: Op. cit. P. 162.

[99] Thomas, T.: *Music for the Movies*. P. 139. Young murió de un infarto, con sólo 56 años de edad.

que imponían sus criterios). Hans J. Salter describió así la situación: «*Esa gente que cree que los compositores deberían hacer sus propias orquestaciones, debían haber estado en la Universal en los años cuarenta. Ahí no había tiempo para esos lujos*».[100] Algunos, como Herrmann o Korngold, pudieron orquestar sus propias obras. Sin embargo, fueron la excepción que confirmaba la regla: la figura del orquestador, dentro de los estudios cinematográficos, fue tan necesaria e importante como la del propio compositor. Junto a éstos, está también el arreglista, quien se encarga de adecuar la orquestación a la duración de las secuencias, efectuando los cambios para que el tiempo que ocupe sea exacto, sin que sobre o falte segundo alguno. Raramente lo hacía el propio autor. En principio, la autoría de la partitura no se discutía («*Si yo dicto una carta y mi secretaria la escribe, ¿quién es el autor de la misma, yo o mi secretaria?*», diría Aaron Copland),[101] aunque hubo y sigue habiendo serios conflictos al respecto: así, mientras hay compositores que trabajan con un equipo de orquestadores, otros se encargan de la orquestación. Las posturas son divergentes y en mis charlas con compositores me he encontrado con todo tipo de opiniones, que abarcan la defensa de ambos supuestos.[102]

---

[100] Karlin, F.: Op.cit. p. 35.

[101] Previn, A.: *No Minor Chords: My Days in Hollywood* (Doubleday, 1991). p. 89.

[102] Morricone es tajante en lo que considera la integridad de un compositor: En el libro *Morricone, la música, el cine* (Fundación Municipal de Cine de Valencia, 1997), el autor, Sergio Miceli, le pregunta si alguna vez se ha servido de colaboradores: «*Nunca, es un principio moral irrenunciable (...) A mí me gusta componer, es mi vocación, lo único que sé hacer. No puedo delegar en otros una obligación que siento como profundamente propia*». Alega también razones personales: «*Comencé en esta profesión encargándome de la orquestación y los arreglos para músicos que estaban muy bien pagados, mientras yo no tenía nada (...) Es decir, que fui explotado, y yo no puedo hacer lo mismo con otras personas, por razones morales pero también por razones artísticas*». Y remata: «*Algunos compositores ilustres de música para cine recurren a este tipo de colaboraciones. Cosa que yo no acabo de comprender, porque incluso si tú entregas un fragmento bien resuelto, bien claro, la orquestación es la música: el hecho de que tú pongas 'puente' o 'pizzicato' en la viola forma parte de la música, influye sobre la totalidad del sonido. Por lo tanto, para mí es inaceptable como principio no sólo moral, sino meramente musical. El dueño de la música es quien la escribe de principio a fin, por buena o mala que sea*» (p. 103 y 104).

El trabajo de un compositor no sólo pasa por las manos del director o del productor. El montador tiene también un papel fundamental, pues es quien conoce –incluso más que el director– las necesidades dramáticas de cada una de las secuencias, el ritmo que se requiere o el que puede aportar la música llegando, como he indicado, a montar escenas en función de la misma, o haciendo indicaciones al compositor de lo que es necesario aportar con la música. Son muchos los compositores que tienen la posibilidad de asistir a la sala de montaje, pero no siempre sucede así. Antes de grabar y sincronizar la música, el compositor y el montador determinan lo que se conoce como el *click track*, tecleos colocados en la película para marcar las pautas del ritmo y del clímax. Esta pista –que puede ser visual o sonora, o ambas– sirve de ayuda al compositor y a los músicos para que puedan ser más exactos. Es habitual que el propio compositor (o un director de orquesta) interprete la partitura frente a una pantalla de proyección o un video. Las indicaciones de los "click tracks" (signos visuales, barras, puntos, etc.) dan señales que permiten ir acoplando la música. También se utilizan relojes, aunque antaño hubo quienes, como Korngold, preferían ver la película una y otra vez, sin recurrir a ningún truco. En la sala de montaje, el material sonoro se reparte en copias individuales, para poder procesarlo con facilidad. El montador de sonido separa los diálogos de cada personaje en pistas individuales para luego trabajar la mezcla final. Todos los elementos sonoros (diálogos, efectos, música, narración) se almacenan en pistas separadas, para que se pueda controlar el nivel sonoro de cada una. Se incorporan los efectos sonoros y el editor musical añade las pistas de música, adecuándolas en términos de duración, clímax, etc. En definitiva, ajustándolas y sincronizándolas. O se inserta primero la música y luego los efectos sonoros. Si el compositor no está presente en este proceso para controlar lo que otros hagan con su música, es probable que sufra las consecuencias. No son pocas las ocasiones en las que la inserción de los efectos sonoros ha resultado un drama. Estos efectos –tan necesarios – se combinan con la música, haciendo que haya constante pugna por prevalecer en una secuencia. Les Baxter fue contundente al respecto: «*Las mezclas pueden destrozar cualquier banda sonora. Odio componer música para que luego la ahoguen los efectos de sonido. Por desgracia, el encargado de grabar la música y el de los efectos sonoros nunca trabajan juntos, y cada uno quiere dar importancia a su trabajo*».[103]. Cualquier compositor sabe que en las decisiones que se toman en esa fase puede darse la circunstancia de que hayan temas que finalmente no se empleen. Pero en este delicado momento también se ha llegado a decidir suprimir por completo una partitura o recortarla de modo drástico. Le sucedió a Jerry Goldsmith con *Alien* (1979), de cuya música apenas se sacó provecho, o a David Raksin en *Carrie* (1952), en la que, como él narró: «*había una secuencia final, de casi siete minutos, y prácticamente sin diálogo. Sabía que William Wyler, el director, iba a acortarla, así que, como trabajábamos contrarreloj, le pedí que me librara de la obligación de componer más música de la que iba a ser empleada. Pero me dijo que no cortaría la secuencia hasta que la viera con ella. Escribí la secuencia —me inspiró una de las mejores piezas que jamás he compuesto— y todo el mundo estaba muy contento. Pero cortaron la escena a poco más de 56 segundos, y con eso destruyeron por completo mi música*».[104].

Como se ha visto, la elaboración de una banda sonora es larga y compleja, dominada por la premura del tiempo y condicionada, a menudo, por opiniones y dictados de gentes ajenas al mundo de la música. El paso del tiempo ha hecho que algunas formas y modos hayan variado, especialmente desde que se puede componer con la ayuda de los ordenadores. Sin embargo, el proceso que lleva a convertir una música escrita en papel a parte de una película sigue siendo un riesgo entre la gloria y el infierno.

---

[103] Entrevista a Les Baxter en la revista «BSO Magazine». Núm. 4. p. 21, extraída a su vez del número 26 de «Soundtrack!».

[104] Karlin, F.: Op. cit. P. 63.

VII. Método de Análisis

Al principio del libro insistí que la música no debe ser juzgada sólo por su calidad, por sus valores musicales, porque lo decisivo es su utilidad. Pero el campo de análisis siempre es más amplio que el de la fijación de los méritos logrados en una película concreta, ya que en no pocas ocasiones se han de considerar aspectos ajenos, strictu sensu, al del propio filme. Valorar o analizar una banda sonora por su edición discográfica es un ejercicio tan limitado como limitativo, pues se desconsidera su valor cinematográfico. Además, como ya indiqué, en no pocas ocasiones lo que aparece en un disco no corresponde exactamente a lo aplicado en un filme. sólo con el disco en la mano, se puede responder al *qué* de la música, pero no al *cómo* ni al *por qué*, tan importantes para comprender la partitura como elemento intrínseco en el lenguaje fílmico. Así, por tanto, es necesariamente imprescindible ver y atender a su aplicación.

Hay que considerar, en primer lugar, lo que supone y significa una partitura en la trayectoria de su compositor. Ya sea por el estilo, por el modo operativo, por su estructura, etc., puede darse una conexión deliberada o casual entre una o más películas en las que haya trabajado. Relacionar eso, y más si se trata de algo que el autor ha buscado, es de suma importancia. Aunque es poco probable, puede darse el caso que un compositor con amplia obra para el cine sea tan diverso y ecléctico que cada creación sea distinta a las anteriores. Pero lo normal es que sea relativamente fácil establecer conexiones, y de lo que se trata es saber si esas conexiones tienen alguna razón de ser, porque así será más fácil entender las motivaciones de su nueva creación. Por ejemplo: el empleo de un instrumento-fetiche, una frase musical, unas cadencias, el predominio de alguna sección orquestal o sencillamente un tono o un color en la música que pueda vincularse con algo que haya hecho anteriormente y, así, enlazar el filme con otro título previo. Por supuesto, estas relaciones han de hacerse con respecto a filmes previos. No tiene mucho sentido que en el análisis se destaquen vínculos con obras posteriores, ya que obviamente el compositor trabaja con una experiencia vivida, no sobre futuribles, salvo que se esté ante un análisis general o de parte de su obra. Tener presente este tipo de consideración ayuda a valorar una banda sonora, para saber si es repetitiva, redundante, evolutiva o innovadora. Quien haga una deducción determinada sobre una partitura, sin tener en cuenta lo que su autor haya hecho en el pasado, corre el riesgo de cometer equivocaciones: creer, por ejemplo, que la música que está escuchando supone un quiebro estilístico o hasta una revolución, sin saber que ya ha sido empleado en otros filmes por ese autor. Obviamente, esto implica que hay conocer bien la filmografía de un compositor, para entender el sentido particular o general de su trabajo. Es importante no desligar una banda sonora del resto de obras en la filmografía del compositor, porque de esta manera se pueden entender mucho mejor. Si atendemos la música que escribió Herrmann para *Obsession* encontraremos una fuerte relación con la que había hecho para *Vertigo*, y remarcarlo es sumamente útil. O referirse a *Patton* cuando analizamos *McArthur* (1977) es determinante para entender por qué Goldsmith primó los aspectos personales del protagonista sobre las cuestiones militares. En estos casos, obviar la existencia de los precedentes dejaría los análisis incompletos y sesgados.

Una segunda fase es atender por una parte a la trayectoria del compositor con el director, si ambos hubieran trabajado juntos con anterioridad, y a la música en el cine del director, al margen que haya colaborado con ese o con otro compositor. Puede haber una casuística expresa si el realizador imprime un lenguaje musical característico en su cine, sea cual sea el compositor con el que comparta créditos, o bien si esto se produce sólo con un músico determinado. La importancia de este estudio es similar a la de la comparativa en la obra pretérita del compositor porque podemos determinar, siquiera aproximadamente, hasta qué punto la influencia del director se ha plasmado en la partitura. Un ejemplo más que evidente es el cine de Fellini con Rota pero también tras la muerte del compositor. Si atendemos a esta comparativa y la unimos a la anterior sacaremos unas conclusiones fundamentales: por un lado, que en su cine se produce una gran uniformidad de criterios melódicos, sea con Rota, con Luis Bacalov o con Piero Piccioni (los compositores que reemplazaron a Rota a su muerte); por otro, que la música de Rota con Fellini es bien distinta con la que suena en los filmes que el compositor milanés hizo con Luchino Visconti, Franco Zeffirelli o Francis Ford Coppola. Si analizamos la música que escribió Howard Shore para *Ed Wood*, de Tim Burton, habrá que tener presente las creaciones de Danny Elfman para el director, porque el parecido es evidente, aunque Shore escribiera músicas diferentes con otros realizadores. Sin embargo, sucede casi lo contrario si atendemos a la relación entre Georges Delerue y François Truffaut: podemos establecer comparaciones en la música de Delerue con otros directores, pues en muchas ocasiones tenía un estilo similar, pero dentro del cine de Truffaut, cuando este trabajó con otros compositores (como Antoine Duhamel o Herrmann) hubo dispersidad.

Si una película es de género (un western, un filme de terror, de ciencia-ficción...), o si pertenece a un movimiento (el neorrealismo italiano, la *Nouvelle Vague* francesa, etc.) la comparativa es sumamente útil para determinar hasta qué punto el compositor se suma a los patrones habituales, si escapa de ellos o, incluso, si los mantiene con un toque personal que lo diferencie del resto de creaciones. El saber qué es lo que se ha hecho con respecto a películas similares ayuda a entender la obra y sesgarla de esos precedentes implica sesgar el análisis. Por supuesto, este estudio debería ser combinado con respecto a la obra previa del compositor en el género y también del director. Es decir: en el análisis de la música de un filme de terror se compara con otros filmes de terror, pero también con las partituras que el compositor hubiera escrito para el género y lo que se haya hecho en la filmografía del director relacionada con el cine de terror. El tipo de música para este género se supeditó, durante años, a las políticas estilísticas de los estudios o productoras, y lo mismo sucede con el western, cuya música cambia según países o épocas. La contextuación histórica de una música es tan necesaria como las anteriores comparativas. La influencia de las modas, las tendencias e incluso los clichés es determinante para comprender por qué se aplica, por ejemplo, el pop en un western como *Butch Cassidy and the Sundance Kid* o el jazz en tantos filmes policíacos. Eso si realmente una música está condicionada por la época en la que ha sido escrita, pues es muy habitual la atemporalidad de la partitura, como es lógico. También hay que atender al país o lugar de donde es el filme cuya música hemos de analizar, pues nos podemos encontrar fácilmente con películas americanas cuyas partituras son notoriamente europeas, o títulos españoles con bandas sonoras *americanizadas*, por citar sólo un par de supuestos que podrían establecerse. Y finalmente, si se diera la circunstancia, relacionar la música de un compositor con la de otro, si hay una pretensión evocadora, de homenaje, de referencia, parodia e incluso plagio.

Hasta aquí los primeros elementos de consideración, que son básicos y que se pueden, a veces deben, interrelacionar. Luego puede abordarse el *qué* de la partitura, es decir, un análisis objetivo de la música, aquél que ayude a definir el estilo empleado y, una vez más, comparar si es oportuno con otras creaciones similares (sean del mismo compositor o de otro; del mismo género de película o de distinto, y todo lo anteriormente expuesto). Es decir, que una música minimalista de Philip Glass, por ejemplo, puede ser obviamente comparada con otras músicas minimalistas del mismo compositor, pero también, según las circunstancias, con las de Michael Nyman, si las películas guardasen algún tipo de relación (por su género o por tener el mismo director). sólo tendría sentido comparar dos músicas del mismo estilo que no tengán otra cosa en común que ese estilo en un análisis meramente objetivo de la propia música, porque no habría lugar a establecer conexiones cinematográficas entre una partitura minimalista para un documental y otra para un drama, salvo que fueran del mismo compositor o del mismo realizador.

Una última fase corresponde primero al cómo y luego al por qué de la aplicación de esa música en la película, y hay que abordar todo aquello que ha sido explicado en el libro. Y en la conclusión estará el determinar su grado de utilidad, que naturalmente es el objetivo final de cualquier análisis de la música para el cine. Como es natural, no en todas las películas se puede detallar los elementos a considerar que hemos mencionado (ya sea, por ejemplo, porque se trate de la única colaboración entre un compositor y un director), pero sí debe hacerse con el máximo posible de ellos. El resultado final derivará, pues, en una completa aproximación a la utilidad de la música en una película.

En mi web, www.mundobso.com pueden leerse algunos análisis muy detallados de partituras cinematográficas –en función, siempre, de su utilidad fílmica-, así como referencias a miles de bandas sonoras y compositores.

Y es que la música de cine es, como he comentado, auténtico cine.

www.ingramcontent.com/pod-product-compliance
Lightning Source LLC
Chambersburg PA
CBHW051318170526
45166CB00002B/589